权威·前沿·原创

皮书系列为
"十二五""十三五""十四五"时期国家重点出版物出版专项规划项目

BLUE BOOK

智库成果出版与传播平台

就业蓝皮书
BLUE BOOK OF EMPLOYMENT

2025年中国高职生就业报告

CHINESE 3-YEAR VOCATIONAL COLLEGE GRADUATES' EMPLOYMENT ANNUAL REPORT(2025)

主　编／麦可思研究院

社会科学文献出版社
SOCIAL SCIENCES ACADEMIC PRESS (CHINA)

图书在版编目（CIP）数据

2025年中国高职生就业报告/麦可思研究院主编；王伯庆，王梦萍执行主编.--北京：社会科学文献出版社，2025.6.--（就业蓝皮书）.--ISBN 978-7-5228-5475-5

Ⅰ.G717.38

中国国家版本馆CIP数据核字第202588BS56号

就业蓝皮书

2025年中国高职生就业报告

主　　编　/	麦可思研究院
执行主编　/	王伯庆　王梦萍
出 版 人　/	冀祥德
责任编辑　/	桂　芳
责任印制　/	岳　阳
出　　版　/	社会科学文献出版社·皮书分社（010）59367127 地址：北京市北三环中路甲29号院华龙大厦　邮编：100029 网址：www.ssap.com.cn
发　　行　/	社会科学文献出版社（010）59367028
印　　装　/	三河市东方印刷有限公司
规　　格　/	开　本：787mm×1092mm　1/16 印　张：13.5　字　数：200千字
版　　次　/	2025年6月第1版　2025年6月第1次印刷
书　　号　/	ISBN 978-7-5228-5475-5
定　　价　/	128.00元

读者服务电话：4008918866

▲ 版权所有 翻印必究

就业蓝皮书编委会

研究团队 麦可思研究院

南方科技大学高等教育研究中心

主　　编 麦可思研究院

执行主编 王伯庆　王梦萍

撰 稿 人 曹　晨　王　丽　王昕伦

学术顾问（按姓名拼音字母排序）

陈　宇　国家教育咨询委员会委员

储朝晖　中国教育科学研究院研究员

董　刚　全国高等职业学校校长联席会议荣誉主席

胡瑞文　国家教育咨询委员会委员

姜大源　教育部职业技术教育中心研究所研究员

李志宏　中国职业技术教育学会职教质量保障与评估研究会主任

马树超　国家教材委员会专家委员 / 中国职业技术教育学会原副会长

任君庆　全国职业高等院校校长联席会秘书长

汤　敏　国务院参事室原参事

王辉耀　国务院参事室原参事 / 全球化智库（CCG）理事长

叶之红　中国高等教育学会秘书处原副秘书长

查建中　教育部新工科建设工作组成员

主编简介

麦可思研究院成立于2012年，是麦可思公司的知识中心，麦可思研究院作为麦可思公司唯一的智囊及知识管理中心，全力负责发展麦可思公司的大学生就业研究项目，独立自主开发工具、调研，并运用第三方调研结果开展研究；承担麦可思公司的机构类合作研究项目，亦承担麦可思公司监测类产品独立研发工作。麦可思研究院也是《中国本科生就业报告》《中国高职生就业报告》（即已经连续17年由社会科学文献出版社公开出版的就业蓝皮书，原书名为《中国大学生就业报告》）的唯一撰稿人。

摘 要

《2025年中国高职生就业报告》综合分析了2024届高职毕业生的就业状况。基于对应届毕业生及毕业中期的跟踪评价，深入探讨了高职生的毕业去向、就业结构、就业质量、职业发展、升本情况、灵活就业、能力达成及对学校的满意度等多个维度。

2024届高职毕业生规模再创新高，就业形势持续承压，毕业生择业呈现多元化、务实化趋势，毕业去向落实率（88.6%）保持稳定。受经济结构调整与市场竞争加剧影响，受雇就业比例下降至58.5%，灵活就业占比持续上升至9.6%，其中超过三成依托数字平台实现就业。专升本比例稳定在20.7%，体现毕业生升本意愿与职业发展路径的多元化趋势。民营企业/个体岗位持续成为就业主渠道，占比达到73%，五年来毕业生就业满意度提升13个百分点，达到82%，就业心态更趋成熟与务实。

数字经济和新兴产业蓬勃发展，显著推动高职毕业生就业结构调整和岗位升级。高端装备、新能源汽车等领域发展较快，进入装备制造业就业的比例达13.1%，其中从事智能制造、工业机器人操作等新兴技术岗位的占比增加。现代服务业数字化进程加速，信息技术服务业就业比例升至6.3%，零售及文娱领域数字营销岗位占比增多。以人工智能、云计算为代表的数字技术相关岗位已成为高职毕业生就业新亮点，带动毕业生就业质量和岗位层次整体提升。

职业教育专业设置紧跟产业转型需求动态优化。2025年，全国新增专业点7331个，主要集中在高端制造、数字产业和绿色经济领域，其中近半

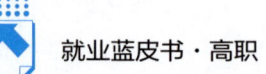

数为职业本科层次，体现出职业教育办学层次的提高及产业适配性的增强。但部分院校专科专业设置存在盲目现象，导致毕业生工作与专业相关度偏低，实习实践环节不足、课程内容陈旧不实用等问题突出，人才培养质量与产业需求匹配度有待提高。

新技术发展持续重塑就业技能需求，对复合型技术技能人才的需求进一步扩大。高职毕业生在综合判断与问题解决、技术创新与迭代设计等高阶技能方面仍存在不足，数字技能培养满足度偏低，制约了就业适配性。针对当前人才培养与产业需求脱节问题，需进一步深化产教融合，加快课程更新和实践教学升级，加强师资建设与数字教学资源开发，推进高职院校"五金"建设提质，全面提升人才培养的适配性与质量，助力高职毕业生实现更高质量就业。

关键词： 高职生　就业选择　数字经济　复合型技能人才

目 录

Ⅰ 总报告

B.1 2024年高职毕业生就业发展趋势与成效 …………………… 001

Ⅱ 分报告

B.2　2024年高职生毕业去向分析 …………………………………… 006
B.3　2024年高职毕业生就业结构分析 ……………………………… 023
B.4　2024年高职毕业生收入分析 …………………………………… 040
B.5　2024年高职毕业生就业满意度分析 …………………………… 069
B.6　2024年高职毕业生职业发展分析 ……………………………… 085
B.7　2024年高职毕业生专升本分析 ………………………………… 107
B.8　2024年高职毕业生灵活就业分析 ……………………………… 113
B.9　2024年高职毕业生能力分析 …………………………………… 120
B.10　2024年高职毕业生对学校的满意度分析 …………………… 140

就业蓝皮书·高职

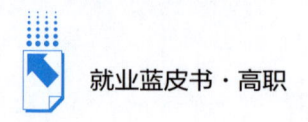

Ⅲ 专题报告

B.11 新职业与新专业供需变化分析 …………………… 154

B.12 AI 时代高职生核心工作能力分析 ……………………… 167

附　录

技术报告 …………………………………………………… 178

致　谢 …………………………………………………… 184

Abstract ……………………………………………………… 185
Contents …………………………………………………… 188

皮书数据库阅读**使用指南**

总报告

B.1 2024年高职毕业生就业发展趋势与成效

摘　要：2024年高职毕业生规模再创历史新高，在就业形势持续承压的背景下，毕业去向落实率（88.6%）保持相对稳定，毕业生就业选择更加趋于多元、务实。2024届高职毕业生灵活就业比例达9.6%，较五年前增长14%，其中依托互联网新业态就业的比例有所提升。毕业生在民营企业的就业比例进一步提高至73%，选择地级及以下城市就业的比例增至69%。就业满意度较2020届提升13个百分点，达到82%。2024届高职毕业生专升本比例稳定在20.7%，"双高"院校更高（22.4%）。新兴产业发展带动就业结构调整，进入装备制造业和新能源汽车领域的毕业生比例持续上升，数字经济相关岗位占比不断扩大。职业教育新增专业集中于高端制造、数字产业和新能源经济，但部分专业存在盲目设置与实习实践不足等问题。数字技术变革增加了对复合型技术技能人才的需求，但毕业生在综合判断能力和数字技能方面仍存在短板，亟须通过深化产教融合和"五金"建设提升人才培养的适配性。

关键词：就业多元　数字经济　产业结构调整　复合型人才培养　高职生

麦可思自 2007 年开始进行大学毕业生跟踪评价，并从 2009 年开始根据评价结果每年出版"就业蓝皮书"，迄今已连续 17 年出版"就业蓝皮书"。本报告基于应届毕业半年后、毕业三年后的跟踪评价数据，分析高职毕业生的就业发展趋势与成效，回应政府、媒体、高职院校师生以及社会大众关注的问题，并为高职人才培养的持续改进提供参考建议。

一　毕业生就业选择更多元务实，民企和基层为就业主渠道

2024 年职业院校毕业生人数再创历史新高。在就业形势持续承压的背景下，2024 届高职毕业生择业和升学决策更趋向多元化与务实，毕业去向落实率（88.6%）保持稳定。

新业态灵活就业比例增多。灵活就业包括受雇半职工作、自由职业和自主创业多种形式，是拓宽就业渠道的重要"蓄水池"。2024 届高职毕业生选择灵活就业的比例为 9.6%，相比 2023 届（9.2%）有所上升，较五年前增长了 14%。数字经济推动下的新业态对灵活就业毕业生的分流扩大，其中，2024 届受雇半职工作、自由职业群体依托互联网平台实现就业的比例为 37%，自主创业群体这一比例为 24%，相比 2022 届（分别为 30%、19%）均有明显提升。

专升本比例趋于稳定。过去几年专升本规模经历快速扩张后，2024 届稳定在 20.7%，与 2023 届持平，其中"双高"院校专升本比例更高，2024 届为 22.4%。随着职业本科教育体系的不断完善，对专科起点学生的招生持续扩大，为升本学生开辟了优质通道，拓宽了技术技能人才的成长路径。

毕业生的就业心态更加成熟。数据显示，近五年高职毕业生的就业满意度从 2020 届的 69% 上升至 2024 届的 82%，提高了 13 个百分点。一方面得益于毕业生树立了更为理性的职业预期，另一方面也反映出职业院校就业指导与服务的不断完善。地域和岗位选择上，毕业生更务实面向基层和生产一线，毕业生选择在地级及以下城市就业的比例明显上升，从 2020 届的 63% 上升

至 2024 届的 69%，说明有更多毕业生愿意扎根本地。在就业单位选择上，民营企业作为吸纳高职毕业生就业的主力军，其就业比例由 2022 届的 69% 上升到 2024 届的 73%。

二 新兴产业驱动就业市场结构调整，注入就业新动能

数字技术和新兴产业的发展为高职毕业生就业注入新动能。人工智能、大数据、工业互联网、新能源等"新质生产力"领域快速扩张，催生新兴岗位需求并带动传统产业岗位升级。

智能制造催生新兴岗位需求。在制造业领域，"智能+"转型显著拉动了技术技能人才需求。数据显示，进入装备制造业就业的高职毕业生比例从 2020 届的 10.1% 提高到 2024 届的 13.1%，其中从事智能制造工程技术、工业机器人操作维护等新兴技术岗位的毕业生比例也由 2020 届的 3.2% 上升至 2024 届的 4.3%。随着新能源汽车行业的高速发展，相关领域不仅涌现出电池管理、汽车电子等新职业，还带动传统汽车维修服务岗位需求增长，高职毕业生在新能源汽车售后服务岗位的就业比例已由 2020 届的 0.7% 增至 2024 届的 1.2%。

数字化推动服务岗位更新换代。现代服务业中，数字经济蓬勃兴起，为毕业生创造了较多新职业机会。2024 届高职毕业生在信息传输、软件和信息技术服务业的就业比例达到 6.3%，其中从事人工智能、云计算、网络安全等数字技术相关岗位的比例由 2020 届的 1.8% 上升至 2024 届的 3.1%。以人工智能训练师、数据标注师、直播电商运营等为代表的新兴职业不断涌现，成为高职生就业的新选择。在零售、文化娱乐等行业，数字技术同样带来岗位更新换代。直播带货、新媒体运营等数字营销类职位对高职生的吸引力持续增强，2024 届毕业生在零售和文娱领域就业的合计占比上升至 11.4%（2020 届为 9.6%），其中数字营销相关岗位占比由 2022 届的 4.6% 增至 2024 届的 6.0%。

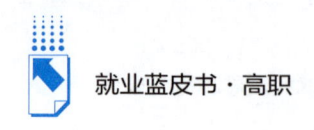

三 数字技术驱动产业升级，专业结构动态适配产业变化

职业教育的专业结构正随着产业变革而动态调整，以更好适配经济发展的新需求。面对数字经济和产业升级带来的新职业、新技能需求，各高职院校近年加快了专业布局优化。

专业布局对接产业和区域发展。2025年高等职业教育专业布点显示，全国共新增专业点7331个、撤销5427个，新增专业中超过一半集中在高端制造、数字产业、绿色经济等前沿领域，近50%为职业本科层次，这表明职业教育在专业设置上向新兴产业倾斜。从近五年各省高职专科专业布点变化来看，区域产业集群的发展需求已成为专业设置的重要考量，不同省份院校增设较多的专业紧密对接了区域重点产业紧缺专业和特色专业。需注意的是，专业设置也需注重"加减法"结合，从而实现与区域产业需求的动态适配。

专业设置避免同质化，匹配自身办学条件。高职院校专业设置存在一定盲目跟风的现象，如人工智能技术应用专业2024届工作与专业相关度仅为31%，明显低于全国平均水平。专业设置需充分考虑自身办学能力，以避免出现人才培养质量与市场需求不适配的情况；从近五年新增较多（净增数达到或超过100个）的专业来看，毕业生反映"实习和实践环节不足"和"课程内容陈旧、不实用"的比例（2024届分别为49%、34%）均高于全国平均水平，反映出部分院校关键办学能力对新设专业人才培养支撑不足，培养适配性有待提升。

四 新技术重塑岗位技能需求，复合型技术技能人才培养提速升级

人工智能等新技术正深刻改变着就业格局，在新技术驱动下，各行各业的岗位技能面临重塑，对复合型技术技能人才的需求进一步增加，这对高等

职业教育人才培养提出更高要求。

岗位需求日益强调复合型能力。高职生的高阶综合判断与问题解决能力（如系统分析、疑难排解、解决复杂问题）的重要度显著提升；同时，技术创新与迭代设计能力（如设计思维、技术设计）的岗位重要性也迅速增强。此外，沟通协作与服务意识能力（如理解他人、积极聆听）重要度依然位居前列。而传统技术应用与操作能力（如电脑编程）虽然仍是基础要求，但其相对优势有所下降。这反映了AI时代岗位对能力的需求向复合结构转变。

能力培养存在短板，需加强"五金"建设。从2024届高职毕业生的能力胜任情况来看，系统分析、数字技能等能力满足度较低。2024届高职毕业生数字素养提升比例（59%）相比其他素养偏低，表明当前技术技能人才培养尚不能充分适应智能化时代需求。其中，工程类专业培养环节与产业发展脱节较为普遍，课程内容、实践环节均需要进一步对接新技术、新工艺、新规范、新标准；对文科类专业毕业生的创新融合、数字工匠培养仍需提升，实践教学、师资对其能力素养提升的支撑作用不足。综上，职业院校需进一步深化产教融合，并依托数字技术推动"五金"建设提质升级。

分 报 告

B.2
2024年高职生毕业去向分析

摘　要：2024届高职毕业生去向多元化，受雇工作比例虽有所下降，但"专升本"比例保持在20.7%，创业、参军等灵活渠道持续分流。"双高"院校毕业去向落实率91.2%，高于全国平均水平88.6%，彰显其校企协同与实训优势。区域层面，东部（89.9%）及长三角（91.9%）持续领先，中部（89.3%）因承接产业转移表现稳健，西部和东北地区相对滞后，需因地制宜深化产教融合。从专业维度看，能源动力与材料、装备制造、生物与化工大类落实率超90%，持续较高，反映其面向刚性需求领域，以及智能制造、新能源等新兴方向对技术技能人才的拉动。39%的未就业者仍在求职，其中59%虽获录用却因薪酬与发展预期不符未入职，建议职业院校完善实训与职业认知教育，精准推送岗位信息，强化产教融合，促进高质量就业。

关键词：毕业去向落实率　灵活就业　区域差异　产教融合　高职生

一　毕业去向分布

毕业半年后：2024届毕业生毕业第二年（即2025年）的1月前后。麦可思在此时展开跟踪评价。此时毕业生的就业状况趋于稳定，有工作经历的毕业生也能够评估工作对自己知识、能力的要求水平。

毕业三年后：麦可思于2024年对2021届高职毕业生进行了三年后跟踪评价（曾于2022年初对这批高职毕业生进行过半年后跟踪评价），本报告涉及的三年内的变化分析即使用两次对同一批高职毕业生的跟踪评价数据。

毕业去向分布：麦可思将中国高职毕业生的毕业状况分为七类：受雇工作、自由职业、自主创业、入伍、读本科、准备升学、待就业。其中，受雇工作包含受雇全职工作、受雇半职工作，受雇全职工作指平均每周工作32小时或以上，受雇半职工作指平均每周工作20~31小时。待就业包含"无工作，继续寻找工作""无工作，其他"。

院校类型：本报告中，高职院校类型被划分为"双高"院校和非"双高"院校。其中"双高"院校包含高水平建设院校56所，高水平专业群建设院校141所。非"双高"院校包含除"双高"院校以外的高职院校。

高职毕业生就业结构呈现明显变化。2024届受雇就业比例降至58.5%，较2020届下降9.9个百分点，表明经济环境变化与就业市场竞争加剧，企业岗位吸纳能力减弱；与此同时，毕业生升学比例保持稳定增长，"专升本"比例连续两年稳定在20.7%，自主创业、入伍等多元就业路径选择率呈现稳步上升趋势，说明高职毕业生的职业发展路径日趋多元化（见表2-1）。

从院校类型对比来看，"双高"院校就业状况整体优于非"双高"院校。2024届"双高"院校毕业生受雇工作和读本科的比例分别为60.2%、22.4%，高于非"双高"院校的58.2%、20.4%；非"双高"院校毕业生未就业比例则连续三年超过10%，2024届为11.8%，高于"双高"院校的8.8%（见表2-2、表2-3），反映出非"双高"院校在就业指导服务和市场对接方面亟须精准化。

表 2-1　2020~2024 届高职生毕业半年后的去向分布

单位：%，个百分点

毕业去向	2024 届	2023 届	2022 届	2021 届	2020 届	五年变化
受雇工作	58.5	59.3	60.0	64.4	68.4	-9.9
自由职业	3.7	3.5	3.0	2.8	3.6	0.1
自主创业	3.9	3.8	3.2	3.1	2.8	1.1
入伍	1.8	1.6	1.4	1.0	0.8	1.0
读本科	20.7	20.7	20.1	19.3	15.3	5.4
未就业	11.4	11.1	12.3	9.4	9.1	2.3

注1：五年变化百分点是指 2024 届的比例减去 2020 届的比例，下同。

注2：未就业包括准备升学和待就业，下同。

资料来源：麦可思－中国 2020~2024 届大学毕业生培养质量跟踪评价。

表 2-2　2020~2024 届"双高"院校毕业生毕业半年后的去向分布

单位：%，个百分点

毕业去向	2024 届	2023 届	2022 届	2021 届	2020 届	五年变化
受雇工作	60.2	60.5	60.9	65.8	68.8	-8.6
自由职业	3.1	3.2	2.7	2.5	3.3	-0.2
自主创业	3.6	3.5	3.2	3.0	2.7	0.9
入伍	1.9	1.9	1.6	1.2	1.0	0.9
读本科	22.4	22.2	21.4	20.2	17.2	5.2
未就业	8.8	8.7	10.2	7.3	7.0	1.8

资料来源：麦可思－中国 2020~2024 届大学毕业生培养质量跟踪评价。

表 2-3　2020~2024 届非"双高"院校毕业生毕业半年后的去向分布

单位：%，个百分点

毕业去向	2024 届	2023 届	2022 届	2021 届	2020 届	五年变化
受雇工作	58.2	59.0	59.7	64.0	68.4	-10.2
自由职业	3.8	3.6	3.1	2.9	3.6	0.2
自主创业	4.0	3.8	3.2	3.1	2.8	1.2
入伍	1.8	1.6	1.4	1.0	0.8	1.0
读本科	20.4	20.5	19.9	19.2	15.0	5.4
未就业	11.8	11.5	12.7	9.8	9.4	2.4

资料来源：麦可思－中国 2020~2024 届大学毕业生培养质量跟踪评价。

随着毕业后的时间推移，高职毕业生已基本实现就业。2021届毕业三年后受雇工作比例达76.6%，自由职业、继续求学（读研+读本科）的比例分别为4.8%和3.9%，较2020届（3.8%和3.3%）有所增长。其中，"双高"院校毕业生三年后受雇工作比例为78.5%、继续求学比例为4.9%，均高于总体水平（见图2-1）。这一态势表明，职业教育质量提升与多元化培养路径已初见成效，为毕业生提供了更为宽广的职业发展与深造空间。

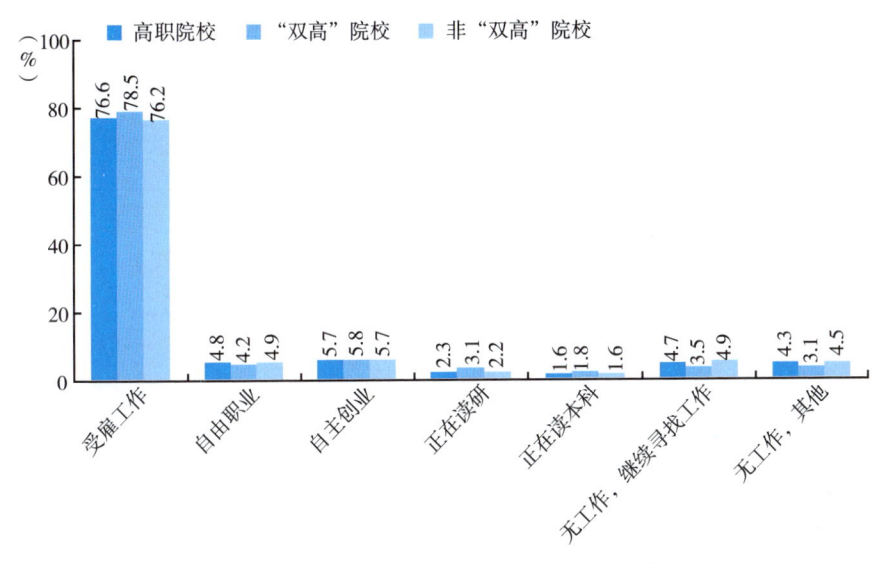

图 2-1 2021届高职生毕业三年后的去向分布

资料来源：麦可思-中国2021届大学毕业生三年后职业发展跟踪评价。

二 毕业去向落实率

毕业去向落实率：高职生的毕业去向落实率 = 已就业高职毕业生数 / 高职毕业生总数，其中已就业人群包括"受雇工作""自由职业""自主创业""入伍""读本科"。

近五年，高职毕业生毕业半年后去向落实率整体呈现"小幅波动、稳中趋缓"态势。2022届因疫情等多重因素跌至最低点87.7%，此后得益于宏观经济回稳与"稳就业"政策持续发力，落实率有所回升，2024届为88.6%。表明职业院校毕业生总体就业情况保持稳定（见图2-2）。

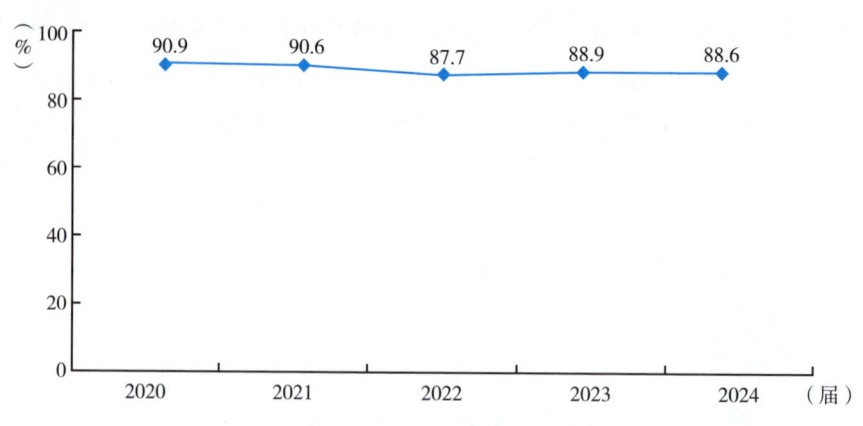

```
%
100   90.9    90.6    87.7    88.9    88.6
 80
 60
 40
 20
  0
     2020    2021    2022    2023    2024   （届）
```

图2-2　2020~2024届高职生毕业半年后的毕业去向落实率

资料来源：麦可思－中国2020~2024届大学毕业生培养质量跟踪评价。

从院校类型看，"双高"院校毕业去向落实率较高。2024届"双高"院校毕业去向落实率为91.2%，非"双高"院校为88.2%，二者差距与往届相当（见图2-3）。这反映了"双高"院校在专业设置、校企协同和实训条件等方面的优势。建议进一步深化产教融合、拓展校企实习渠道，并强化职业指导与跟踪服务，以推动所有高职院校毕业生的高质量、充分就业。

区域：本研究基于国家统计局东、中、西部和东北地区划分标准，将中国内地31个省、自治区、直辖市分为四大地区，其中**东部地区**包括北京、天津、河北、上海、江苏、浙江、福建、山东、广东、海南10个省（市）；**中部地区**包括山西、安徽、江西、河南、湖北、湖南6个省；**西部地区**包括内蒙古、广西、重庆、四川、贵州、云南、西藏、陕西、甘肃、青海、宁夏、新疆12个省（区、市）；**东北地区**包括辽宁、吉林、黑龙江3个省。

三大经济区域：京津冀、长三角、珠三角地区是国家主要的人口聚集地、经济社会发展的重要引擎和增长极，对毕业生就业具有重要保障作用，本研究将其单独列出分析。

2024年高职生毕业去向分析

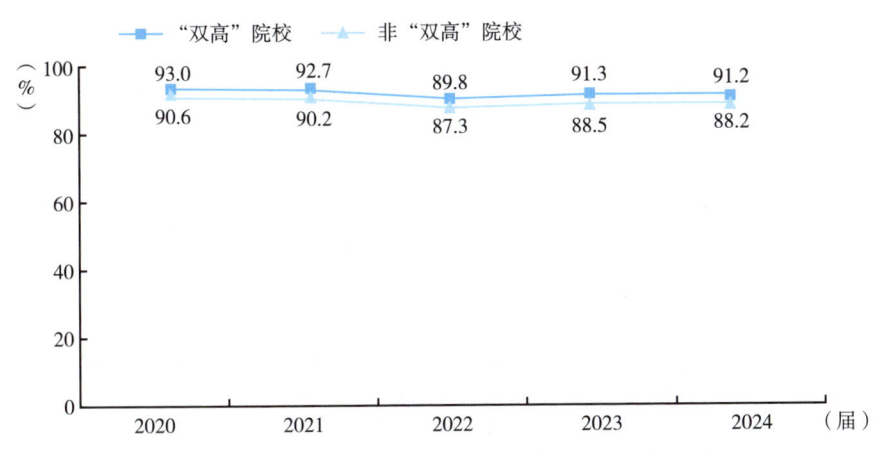

```
            "双高"院校      非"双高"院校
%
100    93.0        92.7                    91.3       91.2
              90.6        90.2       89.8        88.5       88.2
 80                              87.3
 60
 40
 20
  0
      2020        2021       2022       2023       2024    (届)
```

图2-3　2020~2024届各类高职院校毕业生毕业半年后的毕业去向落实率

资料来源：麦可思－中国2020~2024届大学毕业生培养质量跟踪评价。

从地区维度来看，东部地区高职毕业生毕业半年后去向落实率持续领跑，2024届为89.9%，反映沿海发达产业集群对技术技能人才的持续需求；中部地区紧随其后，2024届为89.3%，受益于承接东部产业转移后装备制造和现代服务业的快速扩张；西部地区2024届毕业去向落实率为86.9%，其中西南（88.0%）和西北（85.3%）分化明显，说明成渝双城经济圈与大数据、文旅、绿色能源等特色产业对就业带来差异化拉动；东北地区最低，为85.8%，需进一步加快产业结构优化与校企合作，提升区域就业匹配度（见表2-4）。

表2-4　2022~2024届各区域高职院校毕业生毕业半年后的毕业去向落实率

单位：%

各区域	2024届	2023届	2022届
东部地区	89.9	90.3	88.8
中部地区	89.3	89.3	88.7
西部地区	86.9	87.1	85.9
东北地区	85.8	86.2	84.6
全国高职	88.6	88.9	87.7

资料来源：麦可思－中国2022~2024届大学毕业生培养质量跟踪评价。

在三大经济区中，长三角地区高职院校毕业生毕业半年后去向落实率最高，2024届为91.9%，与往年持平；珠三角地区次之，2024届为89.9%，虽整体吸纳能力较强，但区域内的产业转型带来一定波动；京津冀地区2024届为87.6%，略低于全国平均水平（88.6%）（见表2-5）。这表明，经济高质量发展水平与产业集聚度直接影响高职毕业生的毕业去向落实率，亟须各区域因地制宜深化产教融合，强化就业服务与岗位对接。

表2-5 2022~2024届三大经济区域高职院校毕业生毕业半年后的毕业去向落实率

单位：%

三大经济区域	2024届	2023届	2022届
长三角地区	91.9	91.9	91.4
珠三角地区	89.9	90.5	89.9
京津冀地区	87.6	87.8	86.3
全国高职	88.6	88.9	87.7

资料来源：麦可思－中国2022~2024届大学毕业生培养质量跟踪评价。

专业大类：按照教育部的专业目录，本次跟踪评价覆盖了高职院校所开设的专业大类19个。

专业类：按照教育部的专业目录，本次跟踪评价覆盖了高职院校所开设的专业类96个。

专业：按照教育部的专业目录，本次跟踪评价覆盖了高职院校所开设的专业566个。

能源动力与材料、装备制造、生物与化工三大专业大类的去向落实率持续位居前列，均稳定在90%以上，2024届分别为91.5%、91.3%和90.6%（见表2-6）。这反映了能源、制造、化工等行业的刚性用人需求相对稳定，且在智能制造、新能源、绿色化工等新质生产力领域不断拓展，对技术技能人才的吸纳能力持续增强。其后依次为食品药品与粮食（89.9%）、财经商贸（89.8%）、交通运输（89.6%）等大类，均高于全国平均水平（88.6%）。

表 2-6　2022~2024 届高职各专业大类毕业生毕业半年后的毕业去向落实率

单位：%

专业大类	2024 届	2023 届	2022 届
能源动力与材料大类	91.5	91.2	91.7
装备制造大类	91.3	90.7	91.2
生物与化工大类	90.6	91.3	92.1
食品药品与粮食大类	89.9	90.4	88.7
财经商贸大类	89.8	90.0	87.4
交通运输大类	89.6	89.4	88.3
旅游大类	89.6	89.9	87.4
土木建筑大类	89.3	90.2	90.0
资源环境与安全大类	89.2	90.0	89.2
文化艺术大类	88.8	88.6	86.9
新闻传播大类	88.8	88.3	88.5
农林牧渔大类	88.5	88.9	89.0
公共管理与服务大类	88.4	88.9	89.0
电子与信息大类	87.8	88.3	87.0
教育与体育大类	87.3	87.7	87.1
医药卫生大类	85.4	86.0	85.7
全国高职	88.6	88.9	87.7

注：个别专业大类因为样本较少，没有包括在内。

资料来源：麦可思－中国 2022~2024 届大学毕业生培养质量跟踪评价。

从各专业类来看，机械设计制造（92.1%）、电力技术（91.8%）和化工技术（91.8%）三类专业 2024 届毕业去向落实率最高，体现了制造业和能源行业对高职毕业生技能匹配的认可和持续用人需求；临床医学类（91.6%）和药品与医疗器械类（91.4%）专业紧随其后，与国家对基层医疗建设和医疗器械产业升级有关。值得关注的是，护理类专业毕业去向落实率仅为 84.0%，与同属医药卫生大类的其他专业明显拉开差距，这可能与基层护理岗位供需、学历竞争及职业认知度等因素有关（见表 2-7）。总体来看，不同行业的结构性需求与政策导向，是决定高职各专业类毕业生就业去向落实率的关键因素。

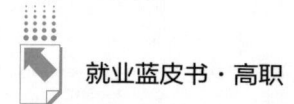

表 2-7 2022~2024 届高职主要专业类毕业生毕业半年后的毕业去向落实率

单位：%

专业类	2024 届	2023 届	2022 届
机械设计制造类	92.1	91.2	92.0
电力技术类	91.8	92.2	92.5
化工技术类	91.8	92.7	93.0
临床医学类	91.6	91.8	92.3
药品与医疗器械类	91.4	91.0	90.5
汽车制造类	91.3	91.1	90.7
自动化类	91.2	90.3	90.9
公共管理类	90.8	89.9	89.4
眼视光类	90.7	92.4	94.0
餐饮类	90.6	90.6	87.9
物流类	90.6	90.6	88.8
城市轨道交通类	90.4	90.1	90.2
道路运输类	90.4	91.6	92.3
经济贸易类	90.3	89.4	88.7
铁道运输类	90.2	89.1	88.5
电子信息类	90.2	90.1	88.6
市政工程类	90.2	91.3	92.1
水利工程与管理类	90.1	90.0	89.7
文秘类	90.0	88.8	88.8
农业类	90.0	89.7	88.7
畜牧业类	89.9	89.3	90.1
测绘地理信息类	89.9	89.3	89.1
中医药类	89.8	89.9	89.3
环境保护类	89.8	91.0	90.5
建设工程管理类	89.8	90.5	90.3
金融类	89.7	88.6	87.6
电子商务类	89.7	90.1	89.1
建筑设计类	89.6	89.6	89.5
食品类	89.6	89.5	88.4
机电设备类	89.5	90.5	92.3

续表

专业类	2024届	2023届	2022届
艺术设计类	89.4	89.2	87.8
旅游类	89.3	89.1	87.2
土建施工类	89.1	90.9	91.4
通信类	89.0	90.3	89.6
财务会计类	88.7	89.6	86.9
语言类	88.7	88.2	88.1
水上运输类	88.4	88.6	86.3
航空运输类	88.3	88.1	87.7
广播影视类	88.3	88.1	88.3
药学类	88.1	88.7	88.5
建筑设备类	88.1	89.6	88.8
工商管理类	88.0	87.2	86.9
林业类	87.9	88.1	89.4
房地产类	87.7	87.8	88.5
生物技术类	87.6	88.4	89.2
安全类	87.3	87.8	87.2
计算机类	87.2	87.7	86.6
公共服务类	86.9	88.6	88.0
资源勘查类	86.8	86.9	86.6
康复治疗类	86.7	87.0	88.1
表演艺术类	86.5	85.5	83.6
教育类	86.4	87.5	87.1
医学技术类	85.8	86.9	89.4
公共事业类	85.5	87.2	89.1
公共卫生与卫生管理类	84.4	85.4	85.1
护理类	84.0	84.5	84.5
法律实务类	83.0	82.9	81.4
全国高职	88.6	88.9	87.7

注：个别专业类因为样本较少，没有包括在内。

资料来源：麦可思－中国2022~2024届大学毕业生培养质量跟踪评价。

2024届高职毕业生中，就业量最大的前50位专业中，机械制造及自动化（92.8%）、新能源汽车技术（92.2%）、电气自动化技术（92.0%）、临床医学（92.0%）与工业机器人技术（92.0%）等毕业去向落实率较高（见表2-8），这些专业直指传统制造、绿色能源与医疗等需求刚性领域。

表2-8　2024届高职生毕业半年后就业量最大的前50位专业的毕业去向落实率

单位：%

就业量最大的前50位专业	毕业去向落实率
机械制造及自动化	92.8
新能源汽车技术	92.2
电气自动化技术	92.0
临床医学	92.0
工业机器人技术	92.0
道路与桥梁工程技术	91.9
汽车检测与维修技术	91.8
数控技术	91.3
电子信息工程技术	91.1
应用化工技术	91.1
国际经济与贸易	90.6
现代物流管理	90.6
机电一体化技术	90.6
汽车制造与试验技术	90.5
环境艺术设计	90.3
城市轨道交通运营管理	90.2
工程造价	90.1
建筑室内设计	89.9
广告艺术设计	89.8
大数据与会计	89.4
视觉传达设计	89.4
电子商务	89.4
建筑工程技术	89.3
大数据技术	89.3

续表

就业量最大的前 50 位专业	毕业去向落实率
商务英语	89.1
数字媒体技术	88.9
建筑装饰工程技术	88.9
物联网应用技术	88.9
空中乘务	88.8
市场营销	88.8
大数据与财务管理	88.7
旅游管理	88.3
畜牧兽医	88.2
酒店管理与数字化运营	88.1
药学	88.0
建设工程管理	87.8
金融服务与管理	87.7
医学检验技术	87.6
艺术设计	87.6
学前教育	87.4
康复治疗技术	87.2
软件技术	87.0
数字媒体艺术设计	86.6
计算机网络技术	86.3
计算机应用技术	86.0
动漫制作技术	85.6
工商企业管理	85.3
助产	84.9
小学教育	84.3
护理	83.8
全国高职	88.6

资料来源：麦可思－中国 2024 届大学毕业生培养质量跟踪评价。

从高职生毕业去向落实率排名前 50 位的专业来看，工程类专业占近八成，石油化工技术（93.3%）、发电厂及电力系统（93.2%）、机械设计与制造（93.1%）领跑，同时智能网联新能源汽车、智能制造、低空经济等新兴领域的专业表现也较为亮眼，如新能源汽车技术（92.2%）、智能控制技术（91.7%）、无人机应用技术（90.8%）、人工智能技术应用（90.7%）等专业（见表 2-9）。这表明，传统制造业与新质生产力领域对高职技术技能人才的市场需求较为稳定。

表 2-9　2024 届高职生毕业半年后的毕业去向落实率排前 50 位的专业

单位：%

专业	毕业去向落实率
石油化工技术	93.3
发电厂及电力系统	93.2
机械设计与制造	93.1
机械制造及自动化	92.8
铁道机车运用与维护	92.7
电力系统自动化技术	92.3
模具设计与制造	92.3
城市轨道交通机电技术	92.2
新能源汽车技术	92.2
电气自动化技术	92.0
环境工程技术	92.0
临床医学	92.0
工业机器人技术	92.0
工业过程自动化技术	91.9
分析检验技术	91.9
道路与桥梁工程技术	91.9
汽车检测与维修技术	91.8
智能控制技术	91.7
铁道信号自动控制	91.7
会展策划与管理	91.6
铁道工程技术	91.5
眼视光技术	91.4

续表

专业	毕业去向落实率
数控技术	91.3
药品生产技术	91.3
市政工程技术	91.3
城市轨道车辆应用技术	91.3
供用电技术	91.3
电子信息工程技术	91.1
应用化工技术	91.1
建筑设备工程技术	91.0
建筑智能化工程技术	91.0
汽车电子技术	91.0
口腔医学	91.0
食品质量与安全	91.0
人力资源管理	91.0
烹饪工艺与营养	91.0
测绘地理信息技术	90.9
移动互联应用技术	90.9
无人机应用技术	90.8
汽车智能技术	90.8
铁道交通运营管理	90.8
人工智能技术应用	90.7
工业设计	90.7
休闲体育	90.7
国际经济与贸易	90.6
现代物流管理	90.6
园艺技术	90.6
动物医学	90.6
机电一体化技术	90.6
汽车制造与试验技术	90.5
全国高职	88.6

注：毕业生规模过小的专业不包括在此排序中。

资料来源：麦可思－中国2024届大学毕业生培养质量跟踪评价。

三 未就业情况

未就业：本研究将应届毕业生在毕业半年后跟踪评价时既没有受雇工作，也没有自主创业、自由职业、入伍或升学的状态，视为未就业，这包括准备升学、还在找工作和其他暂不就业三种情况。

2024届高职毕业生毕业半年后未就业的比例为11.4%。其中，"双高"院校毕业生未就业比例为8.8%，显著低于非"双高"院校的11.8%（见图2-4），再次印证了"双高"院校在教学质量、校企合作和就业服务等方面的系统优势。

图2-4 2020~2024届高职毕业生未就业的比例

资料来源：麦可思－中国2020~2024届大学毕业生培养质量跟踪评价。

在未就业群体中，以找工作为主，39%仍在积极找工作，22%已转向升学准备。求职者中，有59%收到过用人单位的录用通知，却因薪资福利偏低（54%）、个人发展空间不够（41%）、工作环境条件不好（30%）等原因未予接受。这反映出部分毕业生的求职预期与岗位需求之间存在认知错位（见图2-5、图2-6、图2-7）。建议职业院校与用人单位加强校企合作，完善职业发展通道与实训环境，强化职业认知教育与实践锻炼，精细化推送岗位信息，帮助毕业生更快实现高质量就业。

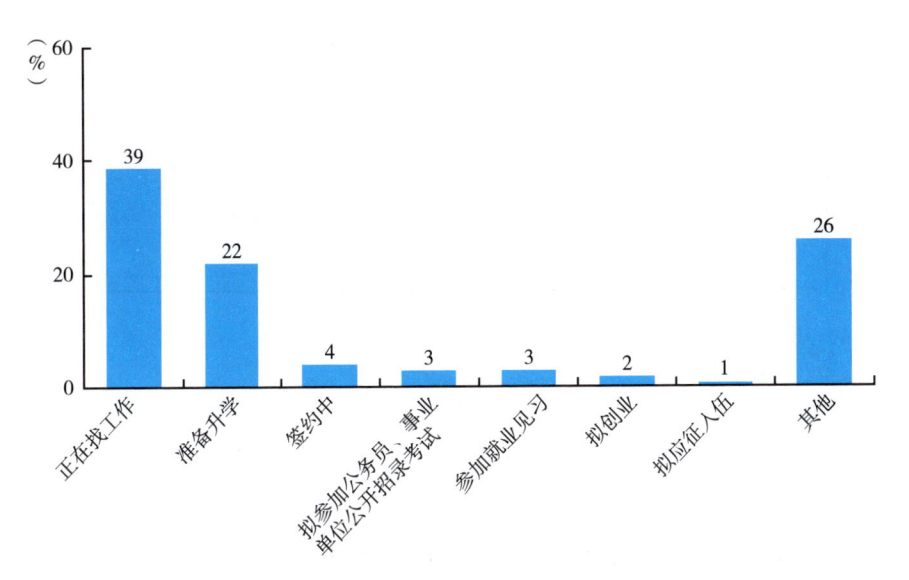

图 2-5　2024 届高职未就业毕业生的分布

类别	比例（%）
正在找工作	39
准备升学	22
签约中	4
拟参加公务员、事业单位公开招录考试	3
参加就业见习	3
拟创业	2
拟应征入伍	1
其他	26

资料来源：麦可思 - 中国 2024 届大学毕业生培养质量跟踪评价。

图 2-6　2024 届正在找工作的高职毕业生收到过录用通知的比例

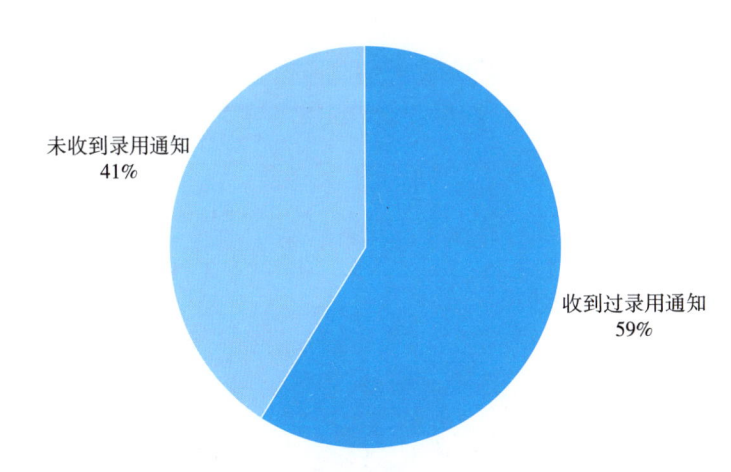

- 未收到录用通知：41%
- 收到过录用通知：59%

资料来源：麦可思 - 中国 2024 届大学毕业生培养质量跟踪评价。

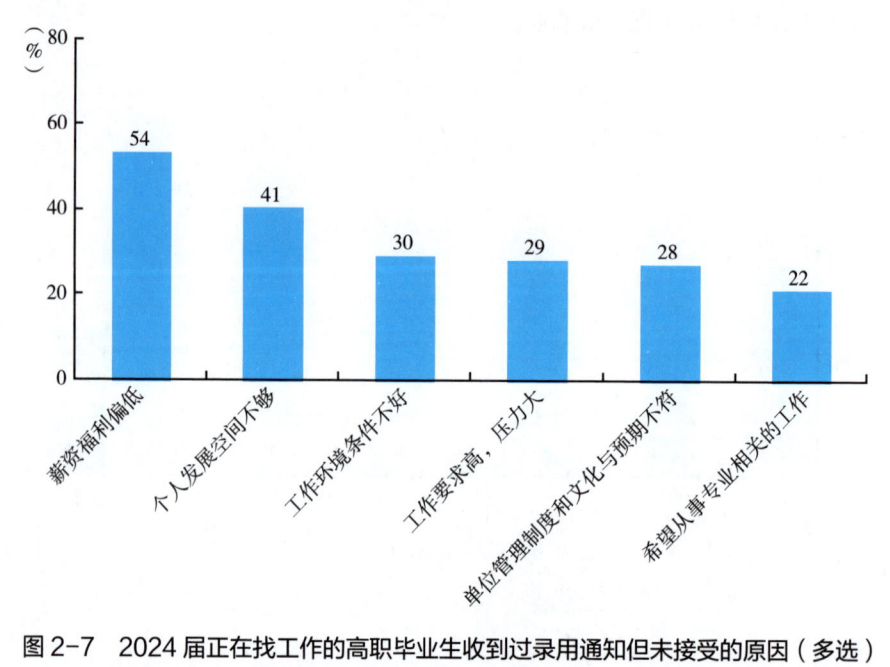

图 2-7　2024 届正在找工作的高职毕业生收到过录用通知但未接受的原因（多选）

资料来源：麦可思-中国 2024 届大学毕业生培养质量跟踪评价。

原因	比例（%）
薪资福利偏低	54
个人发展空间不够	41
工作环境条件不好	30
工作要求高，压力大	29
单位管理制度和文化与预期不符	28
希望从事专业相关的工作	22

B.3
2024年高职毕业生就业结构分析

摘　要： 2024年高职毕业生就业呈现"区域下沉、结构优化、多元支撑"特征。东部地区仍为就业主阵地（49.4%），中部地区因承接产业梯度转移吸纳力增强，就业比例上升至21.8%；新型城镇化与就业观念更新推动地级及以下城市就业比重从2020届的63%上升至2024届的69%。行业与职业流向方面，智能制造、智能网联新能源汽车、零售及住宿餐饮等新质生产力与消费复苏领域吸纳力提升；财会与建筑等传统领域因学历竞争、AI替代及行业周期性调整而呈现收缩。民企、中小微企业继续发挥稳定就业的"压舱石"作用。专业预警显示，新能源汽车技术、智能控制技术等与新质生产力紧密相关的专业成为"绿牌"，供需矛盾突出的法律事务、小学教育等专业被列为"红牌"。

关键词： 区域下沉　行业结构优化　中小微民企　专业预警　高职生

一　就业地流向

2024届高职毕业生最集中的就业地[①]为东部地区，占比49.4%，其后是西部地区（25.1%）、中部地区（21.8%，较2020届上升1.4个百分点），中部凭借承接东部产业梯度转移，吸纳力有所增强。从区域高职院校毕业生占比和毕业去向落实率看，东部地区对高职毕业生吸引力最强（毕业生占比34.9%、落实率89.9%）（见表3-1）。

---

① 就业地指大学毕业生的就业所在地区。

在三大经济区域中，长三角和珠三角因产业集聚度高、民营经济活跃，吸引了大量高职毕业生。这表明，经济高质量发展和产业集聚对高职毕业生就业地选择具有显著影响（见表3-2）。

表3-1　2024届高职毕业生的就业地分布

单位：%

各区域	毕业生在该地区就业的比例	该地区实际毕业生人数占比	毕业去向落实率
东部地区	49.4	34.9	89.9
西部地区	25.1	29.2	86.9
中部地区	21.8	30.1	89.3
东北地区	3.7	5.8	85.8

资料来源：麦可思－中国2024届大学毕业生培养质量跟踪评价，中华人民共和国国家统计局。

表3-2　2024届高职毕业生在三大经济区域就业的情况

单位：%

三大经济区域	毕业生在该地区就业的比例	该地区实际毕业生人数占比	毕业去向落实率
长三角地区	20.9	15.5	91.9
珠三角地区	20.6	15.2	89.9
京津冀地区	7.6	6.6	87.6

资料来源：麦可思－中国2024届大学毕业生培养质量跟踪评价，中华人民共和国国家统计局。

城市类型：

1. 本研究按行政级别把中国内地城市分为以下三种类型。

a. 直辖市：包括北京、上海、天津、重庆。

b. 副省级城市：包括哈尔滨、长春、沈阳、大连、济南、青岛、南京、杭州、宁波、厦门、广州、深圳、武汉、成都、西安15个城市。部分省会城市不属于副省级城市。

c. 地级及以下城市：如绵阳、保定、苏州等，也包括省会城市如福州、银川等以及地级市下属的县、乡等。

2. 本研究按城市发展水平、综合经济实力等把主要城市分为一线城市和新一线城市。

一线城市：北京、上海、广州、深圳。

新一线城市：《第一财经周刊》于2013年首次提出"新一线城市"概念，每年评出15座新一线城市。2024年，依据商业资源集聚度、城市枢纽性、城市人活跃度、新经济竞争力和未来可塑性五大指标评出的15座新一线城市依次是：成都、杭州、重庆、苏州、武汉、西安、南京、长沙、天津、郑州、东莞、无锡、宁波、青岛、合肥。

随着新型城镇化和区域协调发展深入推进，中小城市基础设施与公共服务不断完善，加之产业梯度转移带来的就业机会下沉，以及毕业生对生活成本和工作生活平衡的日益重视，应届高职生的就业重心呈现向地级及以下城市倾斜的趋势。2020届选择在地级及以下城市就业的比例为63%，至2024届已升至69%；同期在直辖市和副省级城市就业的合计比例则从37%下降至31%，反映出中小城市对高职技术技能人才吸引力增强（见图3-1）。

图3-1 2020~2024届高职毕业生的就业城市类型分布

资料来源：麦可思－中国2020~2024届大学毕业生培养质量跟踪评价。

近五年，应届高职毕业生在一线城市的就业比例出现小幅下滑，从2020届的14%下降至2024届的12%；而在新一线城市的就业比例保持相对稳定，2024届为23%（见图3-2）。这反映出随着城市竞争重心从"规模扩张"转向"高质量发展"，非一线城市的特色产业集群不断培育和发展，为高职毕业生提供了更多优质岗位。

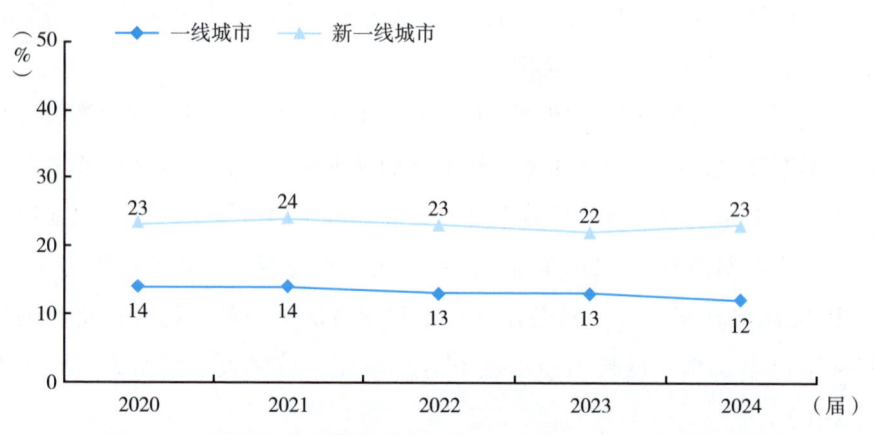

图3-2　2020~2024届高职毕业生在一线、新一线城市就业的比例

资料来源：麦可思-中国2020~2024届大学毕业生培养质量跟踪评价。

二　行业、职业流向

（一）就业的主要行业

行业：根据麦可思中国行业分类体系，本次跟踪评价覆盖了高职毕业生就业的322个行业。

本节各图表中的"就业比例" = 在某类行业中就业的高职毕业生人数/全国同届次高职毕业生就业总数。

2024届高职毕业生就业量较大的行业类为建筑业（8.8%）、零售业（7.8%）、医疗和社会护理服务业（7.1%）等（见表3-3）。

从近五年的趋势变化来看，建筑业（下降 2.6 个百分点）和教育业（下降 2.7 个百分点）吸纳比重明显下滑，反映房地产调控、学前/小学教育资质门槛提高对相关专业毕业生就业的影响。与此相对，零售业（上升 1.2 个百分点）、住宿和餐饮业（上升 1.8 个百分点）、机械设备制造业（上升 1.3 个百分点）及电子电气设备制造业（上升 0.9 个百分点）等领域就业比例呈上升趋势，显示消费回暖、制造业升级为毕业生在相关领域的就业提供了支撑。

值得注意的是，信息传输、软件和信息技术服务业就业比重提升至 6.3%，主要是在电信相关领域就业的比例增加，这得益于云计算、大数据和物联网等新兴电信业务的快速扩张，工信部发布的《2024 年通信业统计公报》显示，电信新兴业务收入占比由上年的 21.6% 上升至 25%。这为高职毕业生提供了更多技术岗位。

表 3-3　2020~2024 届高职毕业生就业的行业类分布

单位：%，个百分点

行业类	2024 届	2023 届	2022 届	2021 届	2020 届	五年变化
建筑业	8.8	9.2	9.6	10.7	11.4	-2.6
零售业	7.8	6.9	6.5	6.7	6.6	1.2
医疗和社会护理服务业	7.1	7.5	8.0	8.0	7.4	-0.3
信息传输、软件和信息技术服务业	6.3	5.5	5.8	5.7	5.7	0.6
住宿和餐饮业	5.7	5.5	4.3	4.0	3.9	1.8
电子电气设备制造业（含计算机、通信、家电等）	5.7	5.5	5.6	5.1	4.8	0.9
教育业	5.0	5.5	5.9	6.9	7.7	-2.7
机械设备制造业	4.6	3.9	3.7	3.5	3.3	1.3
居民服务、修理和其他服务业	3.7	4.2	4.1	4.7	4.6	-0.9
文化、体育和娱乐业	3.6	3.7	3.5	3.3	3.0	0.6
各类专业设计与咨询服务业	3.6	3.9	3.9	4.3	4.3	-0.7
金融业	3.3	3.5	3.6	4.0	4.2	-0.9
政府及公共管理	2.9	3.1	3.8	3.0	3.0	-0.1
运输业	2.8	2.7	2.8	2.8	2.8	0.0

续表

行业类	2024届	2023届	2022届	2021届	2020届	五年变化
化学品、化工、塑胶制造业	2.8	2.7	2.6	2.4	2.3	0.5
交通运输设备制造业	2.8	2.3	2.3	2.1	2.0	0.8
农、林、牧、渔业	2.6	2.4	2.3	2.2	2.3	0.3
电力、热力、燃气及水生产和供应业	2.5	2.6	2.2	1.9	2.0	0.5
医药及设备制造业	2.2	2.0	2.1	2.1	2.1	0.1
行政、商业和环境保护辅助业	2.1	2.2	2.3	2.3	2.3	-0.2
食品、烟草加工业	1.9	1.6	1.7	1.5	1.5	0.4
其他制造业	1.8	2.0	2.1	1.5	1.2	0.6
纺织、服装、皮革制造业	1.8	1.9	1.9	1.9	1.7	0.1
邮递、物流及仓储业	1.7	1.5	1.4	1.5	1.6	0.1
批发业	1.3	1.3	1.3	1.4	1.5	-0.2
金属冶炼和压延加工业	1.1	1.2	1.1	1.0	0.9	0.2
房地产开发及租赁业	1.1	1.9	2.0	2.3	2.9	-1.8
采矿业	0.9	1.0	0.8	0.7	0.7	0.2
家具制造业	0.8	0.9	0.8	0.9	0.9	-0.1
玻璃黏土、石灰水泥制品业	0.6	0.7	0.8	0.7	0.6	0.0
其他租赁业	0.3	0.3	0.3	0.3	0.3	0.0
木品和纸品业	0.3	0.3	0.3	0.2	0.2	0.1
群众团体、社会团体和宗教组织	0.3	0.3	0.3	0.2	0.2	0.1

注：表中显示数字均保留一位小数，因为四舍五入进位，加起来可能不等于100%。
资料来源：麦可思－中国2020~2024届大学毕业生培养质量跟踪评价。

表3-4　2024届高职毕业生就业量最大的前50位行业

单位：%

行业	就业比例
幼儿园与学前教育机构	2.2
居民服务业	2.2
铁路、道路、隧道和桥梁工程建筑业	2.0
基层医疗卫生服务机构	2.0

续表

行业	就业比例
互联网平台服务业（工业互联网平台、电商平台等）	1.9
其他制造业	1.8
综合性餐饮业	1.8
发电、输电业	1.7
旅客住宿业	1.6
互联网零售业	1.6
综合医院	1.6
药品和医药制造业	1.6
建筑装修业	1.5
其他文体娱乐和休闲产业	1.3
建筑基础、结构、楼房外观承建业	1.3
住宅建筑施工业	1.3
铁路运输业	1.3
半导体和其他电子元件制造业	1.2
其他信息服务业	1.1
百货零售业	1.1
计算机及外围设备制造业	1.1
汽车保养与维修业	1.0
其他培训学校和机构	1.0
其他金融业	1.0
物流仓储业	1.0
会计、审计与税务服务业	0.9
牙医诊所	0.9
司法、执法部门（公检法）	0.9
通信设备制造业	0.9
快餐业	0.9
小学	0.9
其他零售业	0.8

续表

行业	就业比例
汽车整车制造业	0.8
软件开发业	0.8
其他化工产品制造业	0.8
石油及煤制品制造业	0.8
数据处理、存储、计算、加工等相关服务业	0.8
其他电气设备及器材制造业	0.7
广告及相关服务业	0.7
工业生产加工专用设备制造业	0.7
其他食品制造业	0.7
电机、输配电及控制设备制造业	0.7
酒水、饮料及冷饮服务业	0.7
非住宅建筑施工业	0.6
铁路运输及城市轨道交通设备制造业	0.6
医疗设备及用品制造业	0.6
其他食品服务业（流动餐饮等）	0.6
专科医院	0.6
其他土木工程建筑业	0.6
保险中介、资产管理、精算及其他相关服务业	0.6

资料来源：麦可思－中国2024届大学毕业生培养质量跟踪评价。

（二）从事的主要职业

职业：根据麦可思中国职业分类体系，本次跟踪评价覆盖了高职毕业生能够从事的536个职业。

本节各表中的"就业比例"＝在某类职业中就业的高职毕业生人数/全国同届次高职毕业生就业总数。

2024届高职毕业生就业量较大的职业类为销售（11.4%）、行政/后勤

（7.7%）、医疗保健／紧急救助（6.4%）、财务／审计／税务／统计（6.3%）、建筑工程（5.6%）和餐饮／娱乐（5.3%）等（见表3-5）。

从近五年的趋势变化来看，销售岗位占比持续走高（上升1.5个百分点），这可能与市场竞争加剧、企业加大市场开拓力度，以及电商、直播带货和全渠道零售模式的迅速扩张有关。

面向制造业的技术类岗位（如机械／仪器仪表、电气／电子）占比稳中有升，反映了制造业升级、新质生产力发展对技术技能人才的需求。另外，随着国家和地方在促进服务消费高质量发展方面系列举措的实施，餐饮、娱乐等服务类岗位也为毕业生提供了更多选择。

传统技术类岗位如财务／审计／税务／统计（下降1.4个百分点）与建筑工程（下降2.5个百分点）占比明显回落，主要受以下因素影响：一是财会岗位人力供给过剩与学历竞争加剧；二是AI等新技术逐步替代部分重复性工作；三是建筑与房地产行业的周期性调整对相关用工需求产生影响。

表3-5 2020~2024届高职毕业生从事的职业类分布

单位：%，个百分点

职业类	2024届	2023届	2022届	2021届	2020届	五年变化
销售	11.4	9.9	9.4	9.7	9.9	1.5
行政／后勤	7.7	6.8	7.1	7.1	7.2	0.5
医疗保健／紧急救助	6.4	6.6	7.1	7.1	6.6	−0.2
财务／审计／税务／统计	6.3	6.9	6.8	7.2	7.7	−1.4
建筑工程	5.6	6.0	6.4	7.3	8.1	−2.5
餐饮／娱乐	5.3	5.3	3.8	3.3	3.3	2.0
机械／仪器仪表	4.3	3.3	3.2	2.9	2.8	1.5
互联网开发及应用	4.1	4.4	4.4	4.7	4.4	−0.3
电气／电子（不包括计算机）	3.7	3.5	3.4	3.2	3.1	0.6
美术／设计／创意	3.3	3.1	3.1	3.0	3.0	0.3
计算机与数据处理	3.2	2.7	3.1	3.1	2.9	0.3
媒体／出版	2.8	2.5	2.5	2.2	2.2	0.6

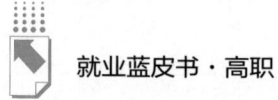

续表

职业类	2024届	2023届	2022届	2021届	2020届	五年变化
交通运输/邮电	2.7	2.5	2.7	2.7	2.6	0.1
生产/运营	2.6	2.4	2.5	2.5	2.5	0.1
机动车机械/电子	2.5	2.2	2.2	2.0	1.9	0.6
酒店/旅游/会展	2.2	1.9	1.6	1.5	1.5	0.7
生物/化工	2.2	2.2	2.2	2.0	1.9	0.3
金融（银行/基金/证券/期货/理财）	2.1	2.5	2.7	2.9	3.0	−0.9
幼儿与学前教育	1.9	2.1	2.6	2.7	2.5	−0.6
农/林/牧/渔类	1.9	1.9	1.8	1.6	1.7	0.2
物流/采购	1.6	1.7	1.6	1.4	1.4	0.2
电力/能源	1.6	1.8	1.7	1.5	1.6	0.0
人力资源	1.4	1.5	1.7	2.0	1.8	−0.4
社区工作者	1.1	1.2	1.4	0.9	0.8	0.3
公安/检察/法院/经济执法	1.1	1.1	1.2	1.0	0.9	0.2
表演艺术/影视	1.1	1.6	1.4	1.4	1.2	−0.1
中小学教育	0.8	1.3	1.4	1.8	2.1	−1.3
文化/体育	0.8	0.7	0.6	0.6	0.5	0.3
矿山/石油	0.7	0.6	0.6	0.4	0.4	0.3
美容/健身	0.7	0.7	0.7	0.7	0.7	0.0
保险	0.7	1.1	1.1	1.1	1.4	−0.7
工业安全与质量	0.7	1.0	1.1	1.0	0.9	−0.2
服装/纺织/皮革	0.6	0.7	0.6	0.5	0.4	0.2
经营管理	0.5	0.8	0.8	0.9	0.8	−0.3
房地产经营	0.5	0.9	1.1	1.5	1.8	−1.3
职业培训/其他教育	0.5	0.7	0.8	1.3	1.5	−1.0
环境保护	0.4	0.5	0.6	0.6	0.5	−0.1
航空机械/电子	0.4	0.4	0.4	0.4	0.4	0.0

续表

职业类	2024 届	2023 届	2022 届	2021 届	2020 届	五年变化
家政	0.4	0.4	0.3	0.2	0.2	0.2
船舶机械	0.4	0.5	0.4	0.3	0.3	0.1
测绘	0.4	0.6	0.6	0.6	0.4	0.0
冶金材料	0.3	0.3	0.2	0.2	0.3	0.0
殡仪服务	0.2	0.3	0.2	0.1	0.1	0.1

注：表中显示数字均保留一位小数，因为四舍五入进位，加起来可能不等于100%。
资料来源：麦可思－中国2020~2024届大学毕业生培养质量跟踪评价。

表3-6　2024届高职毕业生就业量最大的前50位职业

单位：%

职业	就业比例
文员	4.7
会计	3.5
营业员	2.8
护士	2.7
电子商务专员	2.1
客服专员	1.8
餐饮服务生	1.8
医生助理（含乡村医生）	1.5
幼儿教师	1.5
新媒体策划、编辑、运营人员	1.2
各类销售服务人员	1.1
化工厂系统操作人员	1.0
室内设计师	0.9
行政秘书和行政助理	0.9
铁路、道路或水上客运乘务员	0.9
信息支持与服务人员	0.9

续表

职业	就业比例
建筑施工人员	0.9
旅店服务人员	0.9
网上商家	0.8
土木建筑工程技术人员	0.8
电工技术人员	0.7
计算机程序员	0.7
推销员	0.7
化学技术人员	0.7
人力资源专职人员	0.6
收银员	0.6
工程测量技术人员	0.6
电子工程技术人员	0.6
销售经理	0.6
机械工程技术人员	0.6
互联网开发人员	0.6
电厂操作人员	0.6
数据录入员	0.5
物流专员	0.5
档案管理员	0.5
体育教练	0.5
销售技术人员	0.5
工业工程技术人员	0.5
汽车电子工程技术人员	0.5
行政服务经理	0.5
市场经理	0.5
建筑工程设备操作人员	0.5
手工包装人员	0.5
辅警	0.5
直播销售人员	0.5
咖啡师	0.5

2024年高职毕业生就业结构分析

续表

职业	就业比例
电气工程技术人员	0.5
厨师	0.5
餐饮服务主管	0.5
存货管理员（储藏室、库房的）	0.5

资料来源：麦可思-中国2024届大学毕业生培养质量跟踪评价。

三　用人单位流向

民营经济对稳就业发挥了关键支撑作用。高职毕业生在民营企业/个体就业的比例由2022届的69%上升至2024届的73%（见图3-3），反映民营企业/个体对技术技能人才的吸纳进一步增强。

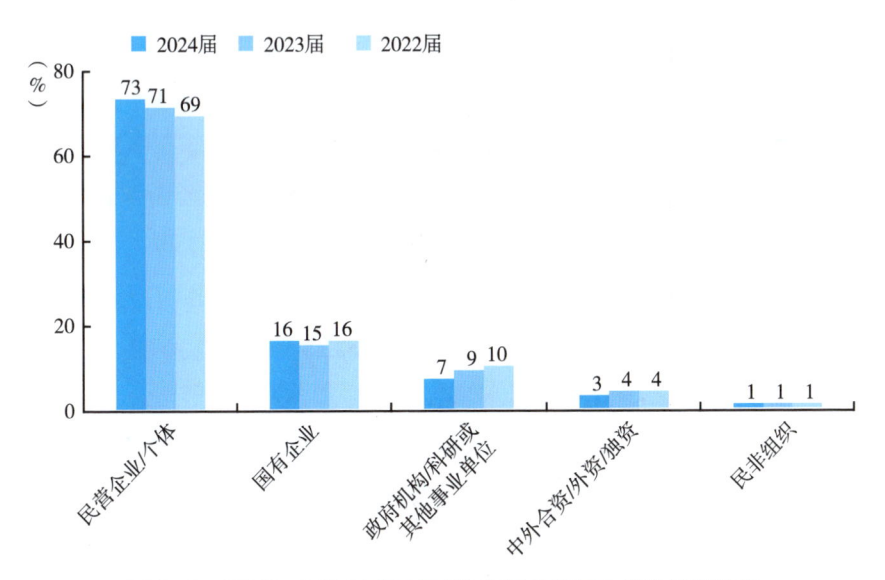

图3-3　2022~2024届高职毕业生就业的用人单位类型分布

资料来源：麦可思-中国2022~2024届大学毕业生培养质量跟踪评价。

035

从各专业大类来看，毕业生在不同类型单位就业的选择反映了各类专业的人才培养特点和行业需求。文化艺术大类、新闻传播大类、财经商贸大类、电子与信息大类毕业生更加集中在民营企业/个体就业，显示服务领域以灵活多样的市场主体为主；能源动力与材料大类、交通运输大类、生物与化工大类毕业生就业主要面向电力、运输、基建、化工等领域，在国有企业的比例相对较高（见图3-4）。这反映出国有企业在传统制造、能源与公共服务领域发挥重要吸纳作用。

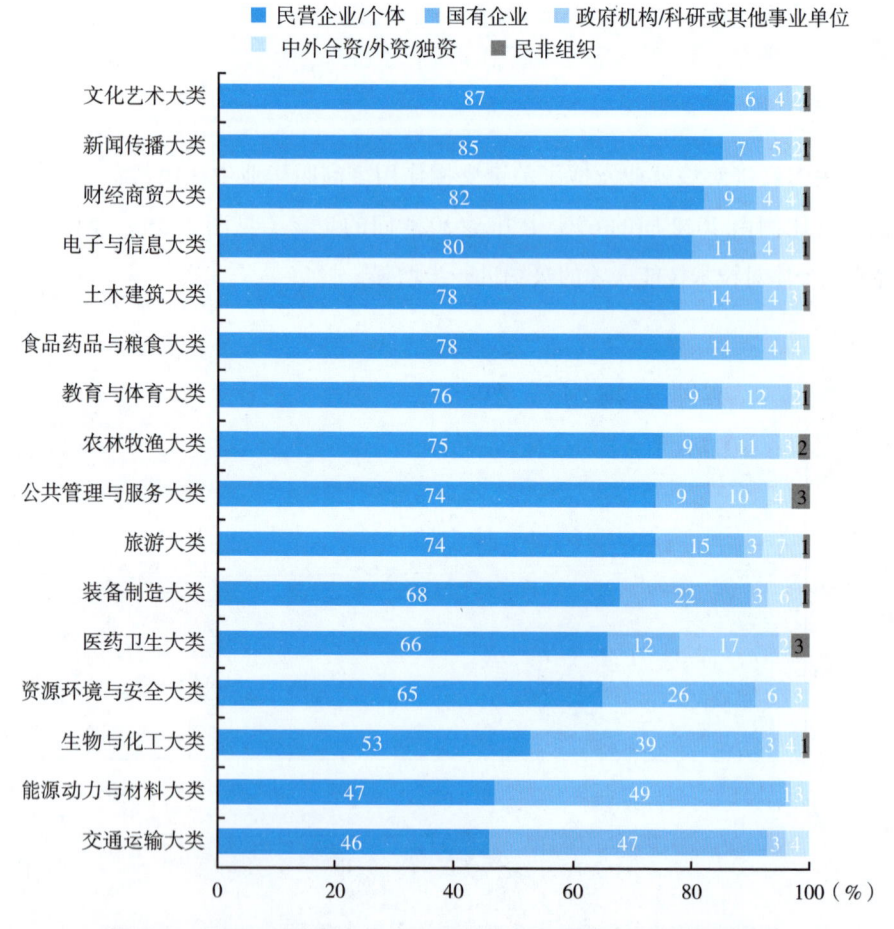

专业大类	民营企业/个体	国有企业	政府机构/科研或其他事业单位	中外合资/外资/独资	民非组织
文化艺术大类	87		6	4	1
新闻传播大类	85		7	5	1
财经商贸大类	82		9	4	1
电子与信息大类	80		11	4	1
土木建筑大类	78		14	4	1
食品药品与粮食大类	78		14	4	4
教育与体育大类	76	9	12		1
农林牧渔大类	75	9	11	3	2
公共管理与服务大类	74	9	10		3
旅游大类	74		15	3	7	1
装备制造大类	68		22	3	6	1
医药卫生大类	66	12	17		3
资源环境与安全大类	65		26	6	3
生物与化工大类	53		39	3	4	1
能源动力与材料大类	47		49		1	3
交通运输大类	46		47	3	4

图3-4　2024届高职各专业大类毕业生就业的用人单位类型分布

注：个别专业大类因为样本较少，没有包括在内。

资料来源：麦可思-中国2024届大学毕业生培养质量跟踪评价。

2024 年高职毕业生就业结构分析

中小微企业仍为吸纳高职毕业生就业的主体，体现了中小微企业在就业市场中的重要性和活力。数据显示，近三届高职毕业生在 300 人及以下规模单位就业的比例最高，2024 届为 66%，与 2023 届持平，高于 2022 届（见图 3-5）。

鉴于中小微企业在稳就业中的关键作用，应继续加大对其专精特新的培育与支持力度，如税收优惠、融资便利和技术改造补贴。职业院校则可根据中小微企业的岗位需求，优化人才培养方案，强化针对性实训和"订单式""顶岗实习"项目，帮助毕业生快速适应中小微企业的工作环境，提升就业匹配度与稳定性。

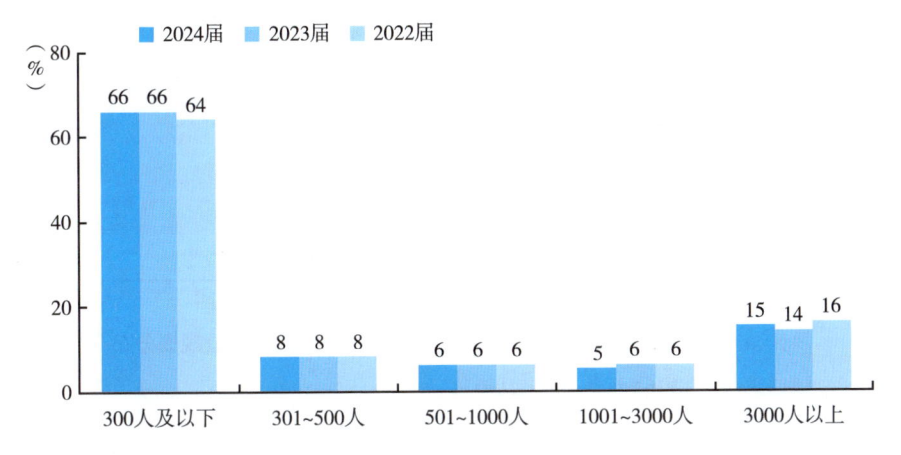

图 3-5 2022~2024 届高职毕业生就业的用人单位规模分布

资料来源：麦可思-中国 2022~2024 届大学毕业生培养质量跟踪评价。

不同专业大类毕业生在就业单位规模选择上的差异化，反映了各类专业特点、人才培养目标以及行业需求的多样性。新闻传播大类、教育与体育大类、文化艺术大类毕业生在 300 人及以下规模单位就业的比例更高，而生物与化工大类、能源动力与材料大类、交通运输大类毕业生在 3000 人以上规模单位就业的比例更高（见图 3-6）。

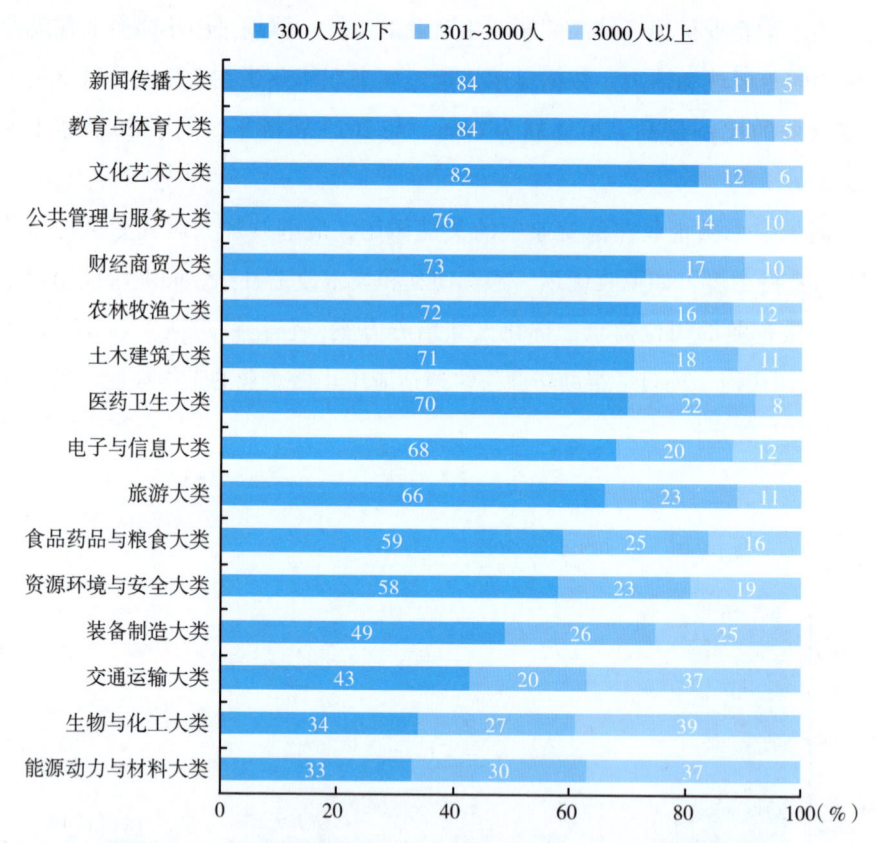

专业大类	300人及以下	301~3000人	3000人以上
新闻传播大类	84	11	5
教育与体育大类	84	11	5
文化艺术大类	82	12	6
公共管理与服务大类	76	14	10
财经商贸大类	73	17	10
农林牧渔大类	72	16	12
土木建筑大类	71	18	11
医药卫生大类	70	22	8
电子与信息大类	68	20	12
旅游大类	66	23	11
食品药品与粮食大类	59	25	16
资源环境与安全大类	58	23	19
装备制造大类	49	26	25
交通运输大类	43	20	37
生物与化工大类	34	27	39
能源动力与材料大类	33	30	37

图3-6 2024届高职各专业大类毕业生就业的用人单位规模分布

注：个别专业大类因为样本较少，没有包括在内。

资料来源：麦可思-中国2024届大学毕业生培养质量跟踪评价。

四 专业预警

专业预警旨在评估不同专业的毕业生就业情况和市场对人才的需求趋势。本报告基于各专业毕业生的就业落实情况、薪资水平和就业满意度，结合国家战略和重点发展领域对人才的需求，以及高职专业布点的动态调整，综合定位"红黄绿牌"专业。

红牌专业是指就业落实率、薪资和就业满意度综合较低，且市场需求减少或增长缓慢的专业。黄牌专业是指除了红牌专业外，就业落实率、薪资和就业满意度相对较低，且市场需求增长缓慢或有下降趋势的专业。绿牌专业是指就业落实率、薪资和就业满意度综合较高，且市场需求增长的专业。

专业预警反映的是全国总体情况，由于各地区的经济结构、行业发展和教育资源分配不同，各省（区、市）、各院校的具体情况可能会有所差别。需要特别说明的是，"红黄绿牌"专业是基于各专业连续多年应届毕业生就业质量变化趋势综合判断，一些近年来新增设的专业，由于缺乏成规模和成趋势的毕业生数据，暂时没有被包括在内。

2025年高职就业绿牌专业包括：铁道机车运用与维护、电气自动化技术、应用化工技术、工业机器人技术、新能源汽车技术、智能控制技术。其中，铁道机车运用与维护、应用化工技术专业连续三届绿牌。行业需求是造就绿牌专业的主要因素。

2025年高职就业红牌专业包括：法律事务、美术教育、小学英语教育、小学教育、小学语文教育。其中，法律事务、小学英语教育、小学教育、小学语文教育专业连续三届红牌。这与相关专业毕业生供需矛盾有关（见表3-7）。

表3-7 2025年高职"红黄绿牌"专业

红牌专业	黄牌专业	绿牌专业
法律事务	高速铁路客运服务	铁道机车运用与维护
美术教育	房地产经营与管理	电气自动化技术
小学英语教育	音乐教育	应用化工技术
小学教育	学前教育	工业机器人技术
小学语文教育		新能源汽车技术
		智能控制技术

资料来源：麦可思-中国2022~2024届大学毕业生培养质量跟踪评价。

B.4
2024年高职毕业生收入分析

摘　要： 2024届高职毕业生平均月薪稳步上升，半年后达4775元，超过城镇居民月均可支配收入，扣除物价因素后较2020届实际增长8.7%。毕业三年后（2021届）比毕业半年后月收入增长51%，教育回报随时间显著提升。从专业维度看，装备制造、能源动力与材料、生物与化工大类毕业半年后起薪最高；毕业三年后，装备制造、交通运输、电子与信息大类超过7500元，汽车制造类涨幅显著。行业趋势表明，交通、新兴制造与数字领域的薪资优势明显。区域层面，东部地区因产业链完备、产业集群效应突出，成为高薪聚集地。就业单位类型方面，民营企业凭借机制活力呈现更强劲的增长后劲（毕业三年后涨幅达56%）。这表明，毕业生择业需兼顾短期收益与中长期成长性，而职业院校和政策端需通过深化产教融合、优化市场环境等方式促进人才合理配置，以更好地支撑经济高质量发展。

关键词： 薪资增长　产业集群　区域经济差异　高职生

一　总体月收入

月收入： 指工资、奖金、业绩提成、现金福利补贴等所有的月度现金收入。

应届高职毕业生的平均月薪稳中有升。2020届为4253元，2024届增至4775元（见图4-1），超出同期城镇居民月均可支配收入（4516元），剔除通货膨胀后实际涨幅为8.7%。从不同院校类型来看，近五年"双高"院校、非

"双高"院校毕业生的月收入均呈上升态势，2024届分别达到4987元、4740元（见图4-2）。反映了职业教育培养质量和行业需求提升共同推动了毕业生薪资水平的稳健增长。

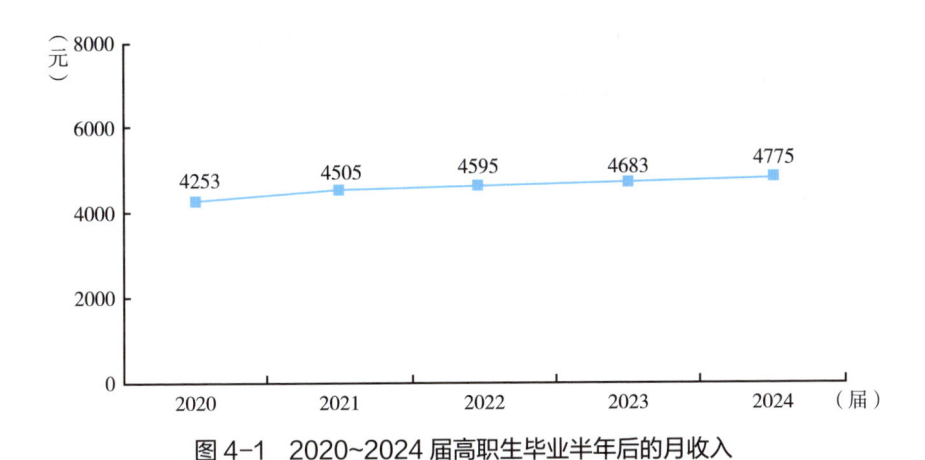

图 4-1 2020~2024届高职生毕业半年后的月收入

资料来源：麦可思-中国2020~2024届大学毕业生培养质量跟踪评价。

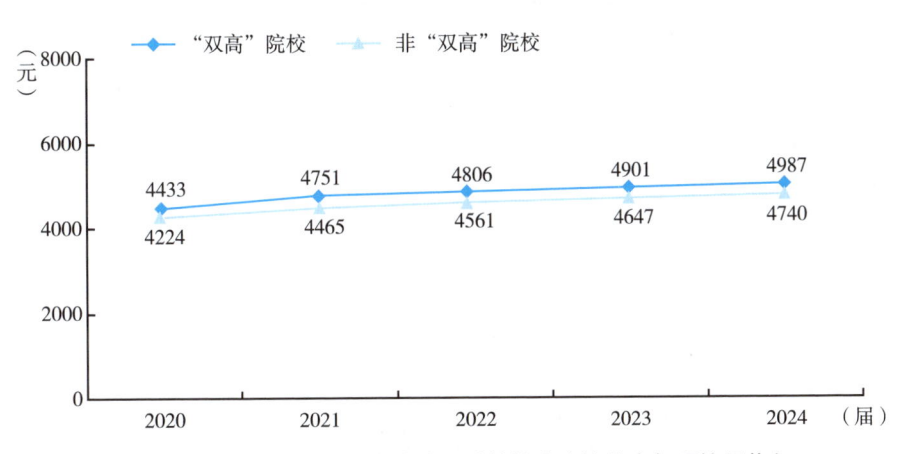

图 4-2 2020~2024届各类高职院校毕业生毕业半年后的月收入

资料来源：麦可思-中国2020~2024届大学毕业生培养质量跟踪评价。

毕业三年后，高职毕业生的薪资水平显著提升，长期回报效应明显。2021届高职生毕业三年后的月收入达到6808元，与自身毕业半年后（4505元）相比涨幅[①]为51%（见图4-3）。这反映出随着工作经验、技能熟练度和行业认知的提升和积累，人力资本价值获得了充分释放。

从不同院校类型来看，"双高"院校毕业生的薪资更具优势。"双高"院校、非"双高"院校2021届毕业生毕业三年后的月收入分别为7171元、6749元，与自身毕业半年后相比涨幅均为51%（见图4-3）。这表明优质职业教育能够持续增强毕业生的薪资竞争力和职业发展潜力。

图4-3 2021届高职生毕业三年后的月收入（与毕业半年后对比）

资料来源：麦可思-中国2021届大学毕业生三年后职业发展跟踪评价，2021届大学毕业生培养质量跟踪评价。

二 各专业月收入

从各专业大类来看，装备制造大类（2024届5445元）、能源动力与材料大类（2024届5346元）、生物与化工大类（5336元）持续位居前三，均超过5000元，体现制造业升级与新质生产力对技术技能人才的需求。

医药卫生大类、教育与体育大类毕业生的月收入相对较低，2024届分别

---

① 月收入涨幅=（毕业三年后的月收入-毕业半年后的月收入）/毕业半年后的月收入。

为 3986 元、4052 元（见表 4-1）。这反映了不同类型专业的市场需求和专业特性对毕业生收入水平的影响。

表 4-1　2022~2024 届高职各专业大类毕业生毕业半年后的月收入

单位：元

专业大类	2024 届	2023 届	2022 届
装备制造大类	5445	5285	5256
能源动力与材料大类	5346	5262	5079
生物与化工大类	5336	5165	5041
交通运输大类	5207	5153	4972
资源环境与安全大类	5154	4971	4788
电子与信息大类	5021	4874	4921
土木建筑大类	4812	4765	4661
新闻传播大类	4793	4832	4718
财经商贸大类	4777	4661	4559
文化艺术大类	4670	4672	4514
旅游大类	4642	4615	4410
食品药品与粮食大类	4578	4646	4527
农林牧渔大类	4526	4595	4560
公共管理与服务大类	4437	4458	4299
教育与体育大类	4052	3961	3807
医药卫生大类	3986	3947	3870
全国高职	4775	4683	4595

注：个别专业大类因为样本较少，没有包括在内。
资料来源：麦可思－中国 2022~2024 届大学毕业生培养质量跟踪评价。

从毕业三年后的月收入来看，装备制造大类、交通运输大类、电子与信息大类的毕业生月收入位列前三，均超过 7500 元；涨幅最快的专业大类为医药卫生大类（62%）（见表 4-2），虽然起薪低，但在深耕专业技能和经验后增长潜力大。

表4-2　2021届高职各专业大类毕业生毕业三年后的月收入与涨幅

单位：元，%

专业大类	毕业三年后的月收入	毕业半年后的月收入	涨幅
装备制造大类	7585	5021	51
交通运输大类	7580	5067	50
电子与信息大类	7526	4816	56
资源环境与安全大类	7327	4578	60
能源动力与材料大类	7274	4836	50
生物与化工大类	7252	4788	51
土木建筑大类	7119	4504	58
文化艺术大类	7031	4386	60
农林牧渔大类	6704	4533	48
财经商贸大类	6620	4478	48
旅游大类	6310	4365	45
医药卫生大类	6201	3820	62
食品药品与粮食大类	6087	4284	42
公共管理与服务大类	5947	4088	45
教育与体育大类	5863	3889	51
全国高职	6808	4505	51

注：个别专业大类因为样本较少，没有包括在内。

资料来源：麦可思－中国2021届大学毕业生三年后职业发展跟踪评价，2021届大学毕业生培养质量跟踪评价。

2024届高职生毕业半年后月收入在工程类专业中最为突出，尤其是面向智能制造的机械设计制造类（5524元）和自动化类（5511元）专业位列前二，紧随其后的是化工技术类（5452元）、铁道运输类（5388元）与机电设备类（5349元）（见表4-3）。这些专业的高薪体现了制造业升级与新质生产力发展对技术技能人才的高需求。

表4-3 2022~2024届高职主要专业类毕业生毕业半年后的月收入

单位：元

专业类	2024届	2023届	2022届
机械设计制造类	5524	5366	5274
自动化类	5511	5421	5339
化工技术类	5452	5328	5145
铁道运输类	5388	5328	5295
机电设备类	5349	5221	5180
航空运输类	5312	5192	5075
汽车制造类	5148	5013	4932
电力技术类	5127	5032	4959
城市轨道交通类	5098	4931	4888
电子信息类	5092	5058	5097
建筑设备类	5090	4970	4808
物流类	5061	4957	4767
环境保护类	5056	4857	4692
水上运输类	5013	4902	4684
计算机类	5010	4829	4789
土建施工类	4994	4995	4851
工商管理类	4990	4954	4801
经济贸易类	4990	4876	4749
通信类	4903	4873	4832
安全类	4887	4803	4764
电子商务类	4851	4855	4780
资源勘查类	4851	4726	4618
表演艺术类	4795	4831	4632
市政工程类	4781	4665	4646
建设工程管理类	4772	4670	4521
金融类	4770	4693	4504
语言类	4754	4664	4479
测绘地理信息类	4746	4753	4543
广播影视类	4743	4745	4703
道路运输类	4731	4741	4707

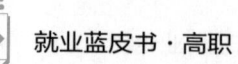

续表

专业类	2024 届	2023 届	2022 届
食品类	4719	4717	4498
旅游类	4661	4692	4413
畜牧业类	4648	4734	4611
艺术设计类	4646	4636	4514
水利工程与管理类	4585	4554	4498
餐饮类	4585	4495	4341
农业类	4547	4419	4315
公共管理类	4532	4529	4340
药品与医疗器械类	4475	4556	4466
眼视光类	4435	4458	4504
生物技术类	4425	4310	4271
林业类	4399	4482	4394
财务会计类	4386	4314	4227
文秘类	4350	4314	4245
建筑设计类	4342	4301	4122
公共事业类	4333	4305	4211
法律实务类	4333	4327	4232
房地产类	4322	4248	4255
公共服务类	4166	4057	4060
药学类	4161	4035	4142
护理类	4093	3963	3898
公共卫生与卫生管理类	4020	3872	3882
医学技术类	3976	4079	4087
康复治疗类	3832	3806	3891
中医药类	3810	3685	3799
教育类	3662	3621	3515
临床医学类	3646	3572	3511
全国高职	4775	4683	4595

注：个别专业类因为样本较少，没有包括在内。

资料来源：麦可思－中国 2022~2024 届大学毕业生培养质量跟踪评价。

2024 年高职毕业生收入分析

从薪资增速来看，与 2022 届相比，2024 届环境保护类专业高职生毕业半年后月收入涨幅最高（7.8%），其次为水上运输类（7.0%）、物流类（6.2%）和语言类（6.1%）专业（见表 4-4），这可能与绿色低碳经济、现代物流与国际化交流领域的快速发展有关。

与此同时，医学技术类（-2.7%）、眼视光类（-1.5%）、康复治疗类（-1.5%）等专业出现了负增长，可能与医疗卫生政策调控（如医保控费、集中带量采购）有关；电子信息类基本持平（-0.1%）（见表 4-5），毕业生就业领域虽起薪高但竞争与技术迭代压力同样显著。

表 4-4　2024 届高职生毕业半年后的月收入增长最快的前十位专业类
（与 2022 届对比）

单位：%，元

专业类	增长率①	2024 届	2022 届
环境保护类	7.8	5056	4692
水上运输类	7.0	5013	4684
物流类	6.2	5061	4767
语言类	6.1	4754	4479
化工技术类	6.0	5452	5145
金融类	5.9	4770	4504
建筑设备类	5.9	5090	4808
餐饮类	5.6	4585	4341
旅游类	5.6	4661	4413
建设工程管理类	5.6	4772	4521
全国高职	3.9	4775	4595

注：毕业生规模过小的专业类不包括在此排序中。
资料来源：麦可思－中国 2022 届、2024 届大学毕业生培养质量跟踪评价。

---

① 月收入的"增长率"=（2024 届毕业生的月收入－2022 届毕业生的月收入）/2022 届毕业生的月收入。

表 4-5　2024 届高职生毕业半年后的月收入增长最慢的前十位专业类
（与 2022 届对比）

单位：%，元

专业类	增长率	2024 届	2022 届
医学技术类	-2.7	3976	4087
眼视光类	-1.5	4435	4504
康复治疗类	-1.5	3832	3891
电子信息类	-0.1	5092	5097
林业类	0.1	4399	4394
药品与医疗器械类	0.2	4475	4466
中医药类	0.3	3810	3799
药学类	0.5	4161	4142
道路运输类	0.5	4731	4707
畜牧业类	0.8	4648	4611
全国高职	3.9	4775	4595

注：毕业生规模过小的专业类不包括在此排序中。
资料来源：麦可思－中国 2022 届、2024 届大学毕业生培养质量跟踪评价。

毕业三年后铁道运输类、电子信息类、自动化类、汽车制造类、计算机类、机械设计制造类专业月收入优势明显，均超过 7500 元（见表 4-6），体现这些领域的持续高需求与技能溢价。其中，汽车制造类专业涨幅（64%）也相对较高，这与智能网联新能源汽车的快速发展有关。

表 4-6　2021 届高职主要专业类毕业生毕业三年后的月收入与涨幅

单位：元，%

专业类	毕业三年后的月收入	毕业半年后的月收入	涨幅
铁道运输类	8088	5280	53
电子信息类	7644	4807	59
自动化类	7630	4902	56
汽车制造类	7599	4638	64
计算机类	7546	4759	59
机械设计制造类	7533	5069	49

2024 年高职毕业生收入分析

续表

专业类	毕业三年后的月收入	毕业半年后的月收入	涨幅
测绘地理信息类	7483	4466	68
航空运输类	7483	5173	45
土建施工类	7465	4580	63
机电设备类	7419	5085	46
化工技术类	7362	4907	50
道路运输类	7343	4722	56
表演艺术类	7195	4664	54
经济贸易类	7064	4572	55
通信类	7063	4902	44
建设工程管理类	7024	4426	59
城市轨道交通类	6973	4756	47
电子商务类	6961	4733	47
艺术设计类	6924	4363	59
畜牧业类	6921	4537	53
体育类	6894	4729	46
工商管理类	6863	4621	49
建筑设计类	6682	4007	67
金融类	6680	4464	50
物流类	6456	4705	37
旅游类	6366	4348	46
药品与医疗器械类	6332	4294	47
医学技术类	6315	4097	54
语言类	6310	4380	44
护理类	6219	3854	61
公共管理类	6111	4091	49
临床医学类	5823	3515	66
食品类	5814	4259	37
财务会计类	5770	4123	40
教育类	5216	3587	45
全国高职	6808	4505	51

注：个别专业类因为样本较少，没有包括在内。

资料来源：麦可思-中国 2021 届大学毕业生三年后职业发展跟踪评价，2021 届大学毕业生培养质量跟踪评价。

高职专业月收入 50 强排行榜中，铁道运输类专业（铁道机车运用与维护、铁道工程技术、铁道交通运营管理）保持领先；此外，与能源化工、智能制造等领域相关的专业数量较多，包括石油化工技术、机电一体化技术、机械制造及自动化、智能焊接技术等（见表 4-7）。

表 4-7　2024 届高职生毕业半年后的月收入排前 50 位的专业

单位：元

专业	毕业半年后的月收入
铁道机车运用与维护	5926
铁道工程技术	5832
铁道交通运营管理	5820
石油化工技术	5659
机电一体化技术	5612
机械制造及自动化	5594
动车组检修技术	5578
智能焊接技术	5562
工业过程自动化技术	5519
铁道供电技术	5518
模具设计与制造	5514
发电厂及电力系统	5483
应用化工技术	5481
民航运输服务	5474
工业机器人技术	5454
智能控制技术	5452
数控技术	5420
电气自动化技术	5391
休闲体育	5319
城市轨道车辆应用技术	5259
电子信息工程技术	5241
空中乘务	5233
机电设备技术	5223
机械设计与制造	5223

续表

专业	毕业半年后的月收入
应用电子技术	5187
新能源汽车技术	5182
铁道信号自动控制	5160
城市轨道交通工程技术	5157
跨境电子商务	5143
电力系统自动化技术	5126
移动应用开发	5125
软件技术	5110
云计算技术应用	5104
汽车智能技术	5090
工业设计	5081
信息安全技术应用	5081
人工智能技术应用	5080
城市轨道交通机电技术	5076
汽车技术服务与营销	5067
社会体育	5067
建筑智能化工程技术	5059
智能工程机械运用技术	5054
虚拟现实技术应用	5053
国际经济与贸易	5048
汽车制造与试验技术	5047
供用电技术	5040
市场营销	5040
物联网应用技术	5033
播音与主持	5031
无人机应用技术	5014
全国高职	4775

注：毕业生规模过小的专业不包括在此排序中。

资料来源：麦可思－中国2024届大学毕业生培养质量跟踪评价。

三　各地区月收入

经济发展水平与产业结构决定了区域间的薪资水平差异。东部地区凭借先发优势和完备的产业链集群，持续成为高薪聚集地。2024届在东部地区就业的高职生毕业半年后月收入达到5160元，且毕业三年后的薪资水平（2021届7444元）也保持领先（见表4-8、表4-9）。

表4-8　2022~2024届高职生毕业半年后在各区域就业的月收入

单位：元

区域	2024届	2023届	2022届
东部地区	5160	5070	4949
西部地区	4406	4304	4280
中部地区	4385	4278	4174
东北地区	4317	4262	4218
全国高职	4775	4683	4595

资料来源：麦可思-中国2022~2024届大学毕业生培养质量跟踪评价。

表4-9　2021届高职生毕业三年后在各区域就业的月收入与涨幅

单位：元，%

区域	毕业三年后的月收入	毕业半年后的月收入	涨幅
东部地区	7444	4894	52
西部地区	6427	4268	51
中部地区	6147	4071	51
东北地区	5948	4011	48
全国高职	6808	4505	51

资料来源：麦可思-中国2021届大学毕业生三年后职业发展跟踪评价，2021届大学毕业生培养质量跟踪评价。

在三大经济区中，长三角地区薪资水平最高，珠三角、京津冀地区位列其后（见表4-10、表4-11）。这也与长三角一体化与高质量发展政策持续释放红利推动该区对技术技能人才的高需求与高回报有关。

表 4-10　2022~2024 届高职生毕业半年后在三大经济区域就业的月收入

单位：元

经济区域	2024 届	2023 届	2022 届
长三角地区	5377	5273	5112
珠三角地区	5134	5018	4846
京津冀地区	5014	4923	4774
全国高职	4775	4683	4595

资料来源：麦可思-中国 2022~2024 届大学毕业生培养质量跟踪评价。

表 4-11　2021 届高职生毕业三年后在三大经济区域就业的月收入与涨幅

单位：元，%

经济区域	毕业三年后的月收入	毕业半年后的月收入	涨幅
长三角地区	7819	5064	54
珠三角地区	7484	4748	58
京津冀地区	7096	4721	50
全国高职	6808	4505	51

资料来源：麦可思-中国 2021 届大学毕业生三年后职业发展跟踪评价，2021 届大学毕业生培养质量跟踪评价。

近五年来，应届高职毕业生在一线与新一线城市就业的薪资均实现稳步增长。2024 届毕业生在一线城市的月收入为 5869 元，在新一线城市的月收入为 5115 元，相比 2020 届分别增长了 11%、15%（见图 4-4）。

进一步观察 2021 届高职生毕业三年后的薪资情况，一线城市、新一线城市的月收入分别达到 8926 元、7221 元，相比刚毕业时的涨幅分别为 58%、52%（见图 4-5），均高于全国高职平均水平。

这表明，一线及新一线城市凭借产业集聚、高质量发展和丰富的职业资源，为高职毕业生提供了更高的起薪和更快的薪资提升通道。与此同时，鉴于大多数高职生仍在二线、三线城市及基层就业，这也提示政策制定者需进一步关注区域、城乡发展的差异，持续完善区域协同政策，以更好地推动人力资源的合理配置和各区域经济的协调发展。

图 4-4　2020~2024 届高职生毕业半年后在一线、新一线城市就业的月收入

资料来源：麦可思－中国 2020~2024 届大学毕业生培养质量跟踪评价。

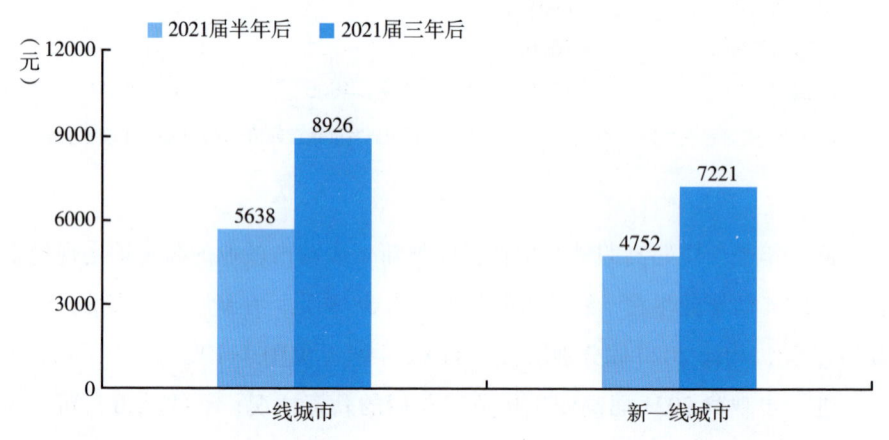

图 4-5　2021 届高职生毕业三年后在一线、新一线城市就业的月收入

资料来源：麦可思－中国 2021 届大学毕业生三年后职业发展跟踪评价，2021 届大学毕业生培养质量跟踪评价。

四　主要行业、职业月收入

运输业高职毕业生毕业半年后月收入持续排在第一，2024 届达到 5753 元；

交通运输设备制造业紧随其后，2024届高职生毕业半年后月收入达到5635元（见表4-12），这与智能网联新能源汽车领域的快速发展密切相关。

表4-12 2022~2024届高职生毕业半年后在主要行业类的月收入

单位：元

行业类	2024届	2023届	2022届
运输业	5753	5688	5524
交通运输设备制造业	5635	5489	5169
化学品、化工、塑胶制造业	5533	5469	5191
机械设备制造业	5413	5287	5176
电子电气设备制造业（含计算机、通信、家电等）	5370	5310	5294
采矿业	5368	5264	4947
电力、热力、燃气及水生产和供应业	5368	5213	5087
金属冶炼和压延加工业	5358	5207	5091
邮递、物流及仓储业	5110	5120	4957
纺织、服装、皮革制造业	4945	4839	4592
信息传输、软件和信息技术服务业	4953	4918	5014
其他制造业	4913	4972	4812
金融业	4892	4849	4834
文化、体育和娱乐业	4822	4828	4810
家具制造业	4753	4689	4488
批发业	4779	4744	4718
建筑业	4690	4719	4421
农、林、牧、渔业	4762	4736	4692
房地产开发及租赁业	4679	4594	4556
食品、烟草加工业	4673	4570	4406
零售业	4626	4611	4524
行政、商业和环境保护辅助业	4589	4488	4335
医药及设备制造业	4566	4557	4579
各类专业设计与咨询服务业	4550	4410	4378

续表

行业类	2024 届	2023 届	2022 届
居民服务、修理和其他服务业	4448	4360	4275
住宿和餐饮业	4417	4487	4305
政府及公共管理	4110	4091	3975
医疗和社会护理服务业	3884	3909	3812
教育业	3789	3680	3621
全国高职	4775	4683	4595

注：个别行业类因为样本较少，没有包括在内。

资料来源：麦可思－中国 2022~2024 届大学毕业生培养质量跟踪评价。

从 2024 届高职生毕业半年后月收入的增速来看，交通运输设备制造、采矿等领域月收入增长较为明显，这与国家战略驱动下的产业升级、安全体系和能力建设等因素有关（见表 4-13）。

信息传输、软件和信息技术服务业的月收入出现负增长，2024 届与 2022 届相比下降了 1.2%，这与互联网行业结构性调整和学历门槛上移等因素有关（见表 4-14）。

表 4-13　2024 届高职生毕业半年后的月收入增长最快的前五位行业类
（与 2022 届对比）

单位：%，元

行业类	增长率	2024 届	2022 届
交通运输设备制造业	9.0	5635	5169
采矿业	8.5	5368	4947
纺织、服装、皮革制造业	7.7	4945	4592
化学品、化工、塑胶制造业	6.6	5533	5191
建筑业	6.1	4690	4421
全国高职	3.9	4775	4595

注：毕业生规模过小的行业类不包括在此排序中。

资料来源：麦可思－中国 2022 届、2024 届大学毕业生培养质量跟踪评价。

表 4-14 2024 届高职生毕业半年后的月收入增长最慢的前五位行业类
（与 2022 届对比）

单位：%，元

行业类	增长率	2024 届	2022 届
信息传输、软件和信息技术服务业	−1.2	4953	5014
医药及设备制造业	−0.3	4566	4579
文化、体育和娱乐业	0.2	4822	4810
金融业	1.2	4892	4834
批发业	1.3	4779	4718
全国高职	3.9	4775	4595

注：毕业生规模过小的行业类不包括在此排序中。
资料来源：麦可思－中国 2022 届、2024 届大学毕业生培养质量跟踪评价。

从毕业生职场中期的月收入来看，2021 届高职毕业生入职三年后，在"信息传输、软件和信息技术服务业""文化、体育和娱乐业""运输业"行业的月收入位列前三，分别为 8311 元、7745 元和 7713 元；其中前两者的涨幅最为明显，分别为 65% 和 67%（见表 4-15）。这反映数字经济与文体娱乐领域凭借技术迭代和消费升级，为技术技能人才带来了薪资提升。

表 4-15 2021 届高职生毕业三年后在主要行业类的月收入与涨幅

单位：元，%

行业类	毕业三年后的月收入	毕业半年后的月收入	涨幅
信息传输、软件和信息技术服务业	8311	5023	65
文化、体育和娱乐业	7745	4651	67
运输业	7713	5520	40
交通运输设备制造业	7592	4811	58
金融业	7510	4731	59
电子电气设备制造业（含计算机、通信、家电等）	7436	4982	49
零售业	7329	4524	62
医药及设备制造业	7323	4495	63

续表

行业类	毕业三年后的月收入	毕业半年后的月收入	涨幅
采矿业	7098	4587	55
批发业	7053	4554	55
化学品、化工、塑胶制造业	6982	4807	45
机械设备制造业	6979	4912	42
电力、热力、燃气及水生产和供应业	6928	4807	44
建筑业	6894	4360	58
农、林、牧、渔业	6872	4497	53
邮递、物流及仓储业	6770	4775	42
其他制造业	6727	4663	44
房地产开发及租赁业	6687	4449	50
各类专业设计与咨询服务业	6626	4241	56
住宿和餐饮业	6614	4238	56
食品、烟草加工业	6512	4332	50
纺织、服装、皮革制造业	6435	4432	45
医疗和社会护理服务业	6040	3768	60
居民服务、修理和其他服务业	5986	4267	40
行政、商业和环境保护辅助业	5849	4331	35
教育业	5599	3690	52
政府及公共管理	5348	3861	39
全国高职	6808	4505	51

注：个别行业类因为样本较少，没有包括在内。
资料来源：麦可思－中国2021届大学毕业生三年后职业发展跟踪评价，2021届大学毕业生培养质量跟踪评价。

2024届高职毕业生月收入排名前十的行业中，铁路运输业、航空运输服务业、铁路运输及城市轨道交通设备制造业、航空航天产品和零件制造业的薪资水平排名靠前（见图4-6）。整体来看，高薪行业集中在轨道与航空运输、能源化工及高端制造领域，这与国家对交通基础设施、高端装备与战略性新兴产业的大力推进密切相关。

2024年高职毕业生收入分析

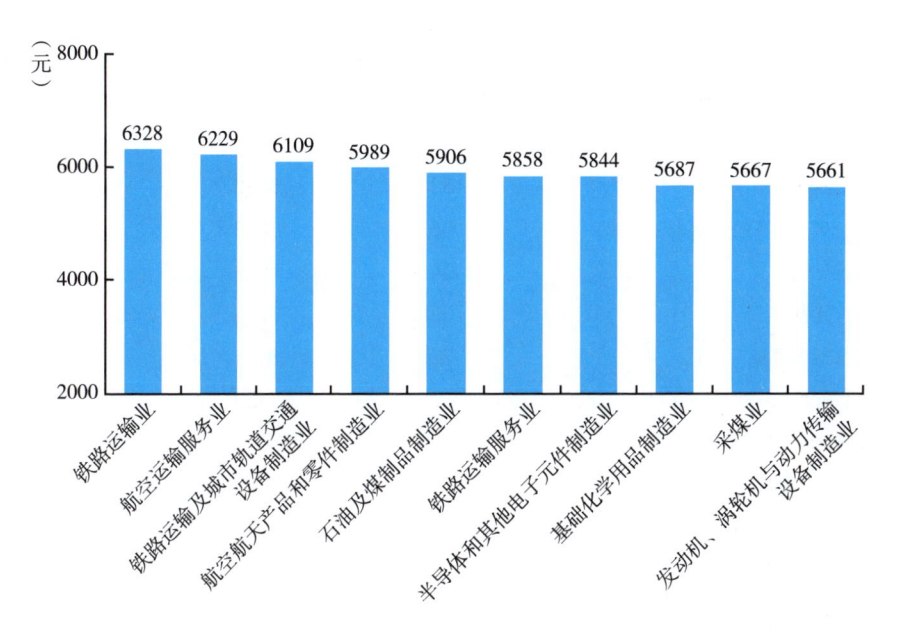

图 4-6　2024 届高职生毕业半年后的月收入最高的前十位行业

注：毕业生规模过小的行业不包括在此排序中。

资料来源：麦可思-中国 2024 届大学毕业生培养质量跟踪评价。

航空机械/电子类职业月薪最高，2024 届达 5936 元，电力/能源、机动车机械/电子类职业月收入增长最快，较 2022 届均攀升 10.3%（见表 4-16、表 4-17），反映能源与装备制造等领域对技术技能人才需求增长。互联网开发及应用、计算机与数据处理类职业月收入出现负增长，相比 2022 届分别下降了 2.2%、1.4%（见表 4-18），这与互联网行业结构性调整、学历门槛上移等因素有关。

表 4-16　2022~2024 届高职生毕业半年后在主要职业类的月收入

单位：元

职业类	2024 届	2023 届	2022 届
航空机械/电子	5936	5760	5634
矿山/石油	5890	5753	5424
机械/仪器仪表	5626	5414	5118
生物/化工	5604	5444	5179

续表

职业类	2024 届	2023 届	2022 届
电力/能源	5588	5386	5065
交通运输/邮电	5580	5485	5358
电气/电子（不包括计算机）	5521	5428	5466
经营管理	5469	5519	5415
生产/运营	5302	5235	5184
工业安全与质量	5262	5101	4870
物流/采购	5201	5120	4986
计算机与数据处理	5151	5087	5222
机动车机械/电子	5151	4919	4672
互联网开发及应用	5107	5085	5223
表演艺术/影视	5090	5147	5088
金融（银行/基金/证券/期货/理财）	5023	4948	4713
文化/体育	4984	4855	4592
服装/纺织/皮革	4859	4795	4553
媒体/出版	4833	4852	4816
农/林/牧/渔类	4759	4723	4608
房地产经营	4758	4812	4704
环境保护	4747	4648	4429
建筑工程	4711	4713	4576
销售	4668	4651	4558
美术/设计/创意	4642	4484	4379
美容/健身	4566	4650	4598
人力资源	4519	4430	4384
餐饮/娱乐	4485	4493	4325
行政/后勤	4358	4287	4177
公安/检察/法院/经济执法	4348	4297	4109
酒店/旅游/会展	4312	4221	4033
职业培训/其他教育	4305	4397	4245
财务/审计/税务/统计	4274	4197	3995
社区工作者	3878	3915	3860

续表

职业类	2024届	2023届	2022届
医疗保健/紧急救助	3783	3877	3807
中小学教育	3714	3694	3599
幼儿与学前教育	3242	3208	3209
全国高职	4775	4683	4595

注：个别职业类因为样本较少，没有包括在内。

资料来源：麦可思－中国2022~2024届大学毕业生培养质量跟踪评价。

表4-17　2024届高职生毕业半年后月收入增长最快的前十位职业类（与2022届对比）

单位：%，元

职业类	增长率	2024届	2022届
电力/能源	10.3	5588	5065
机动车机械/电子	10.3	5151	4672
机械/仪器仪表	9.9	5626	5118
矿山/石油	8.6	5890	5424
文化/体育	8.5	4984	4592
生物/化工	8.2	5604	5179
工业安全与质量	8.0	5262	4870
环境保护	7.2	4747	4429
财务/审计/税务/统计	7.0	4274	3995
酒店/旅游/会展	6.9	4312	4033
全国高职	3.9	4775	4595

注：毕业生规模过小的职业类不包括在此排序中。

资料来源：麦可思－中国2022届、2024届大学毕业生培养质量跟踪评价。

表4-18　2024届高职生毕业半年后月收入增长最慢的前十位职业类（与2022届对比）

单位：%，元

职业类	增长率	2024届	2022届
互联网开发及应用	-2.2	5107	5223
计算机与数据处理	-1.4	5151	5222

续表

职业类	增长率	2024届	2022届
美容/健身	-0.7	4566	4598
医疗保健/紧急救助	-0.6	3783	3807
表演艺术/影视	0.0	5090	5088
媒体/出版	0.4	4833	4816
社区工作者	0.5	3878	3860
经营管理	1.0	5469	5415
电气/电子（不包括计算机）	1.0	5521	5466
幼儿与学前教育	1.0	3242	3209
全国高职	3.9	4775	4595

注：毕业生规模过小的职业类不包括在此排序中。

资料来源：麦可思－中国2022届、2024届大学毕业生培养质量跟踪评价。

毕业三年后，2021届毕业生从事经营管理、互联网开发及应用、计算机与数据处理职业类的月薪均超过8000元，其中，互联网开发及应用类职业毕业三年后薪资涨幅（71%）最高（见表4-19），凸显数字经济对该类技术人才的高溢价。

表4-19　2021届高职生毕业三年后在主要职业类的月收入与涨幅

单位：元，%

职业类	毕业三年后的月收入	毕业半年后的月收入	涨幅
经营管理	8730	5259	66
互联网开发及应用	8656	5062	71
计算机与数据处理	8268	5082	63
销售	7717	4596	68
媒体/出版	7454	4716	58
交通运输/邮电	7336	5382	36
金融（银行/基金/证券/期货/理财）	7282	4686	55
电气/电子（不包括计算机）	7234	5043	43
电力/能源	7226	4742	52
生物/化工	7196	4820	49

2024年高职毕业生收入分析

续表

职业类	毕业三年后的月收入	毕业半年后的月收入	涨幅
表演艺术/影视	7196	5019	43
机械/仪器仪表	7156	4873	47
建筑工程	7137	4479	59
美术/设计/创意	7117	4180	70
生产/运营	7086	4943	43
机动车机械/电子	6967	4462	56
农/林/牧/渔类	6893	4526	52
工业安全与质量	6792	4586	48
餐饮/娱乐	6650	4352	53
物流/采购	6592	4716	40
职业培训/其他教育	6458	4409	46
环境保护	6455	4307	50
保险	6397	4635	38
医疗保健/紧急救助	6323	3744	69
人力资源	6129	4288	43
酒店/旅游/会展	5993	4037	48
公安/检察/法院/经济执法	5702	4086	40
财务/审计/税务/统计	5692	3888	46
中小学教育	5184	3765	38
行政/后勤	5157	4091	26
幼儿与学前教育	4894	3384	45
社区工作者	4785	3869	24
全国高职	6808	4505	51

注：个别职业类因为样本较少，没有包括在内。

资料来源：麦可思－中国2021届大学毕业生三年后职业发展跟踪评价，2021届大学毕业生培养质量跟踪评价。

2024届高职毕业生中，铁路运输、智能制造、数字技术等相关岗位的月收入排名靠前，其中，列车司机的月收入（5992元）最高；此外，部分新兴职业从业人员的月收入也相对较高，包括直播销售人员（5695元）、工业机器人系统操作人员（5681元）、工业互联网工程技术人员（5650元）、智能制造工程技术人员（5525元）等（见表4-20）。这提示职业院校需紧跟产业升级与数字化转型趋势，优化相关专业培养与实训体系，助力毕业生职业发展。

表4-20　2024届高职生毕业半年后月收入最高的前50位职业

单位：元

职业	毕业半年后的月收入
列车司机	5992
铁路闸、铁路信号和转辙器操作人员	5974
工业工程技术人员	5973
化工厂系统操作人员	5967
铁轨铺设及维护设备操作人员	5849
半导体加工人员	5803
互联网开发人员	5788
工业机械技术人员	5785
机械工程技术人员	5750
数控程序员	5700
机械维护技术人员	5696
直播销售人员	5695
机电工程技术人员	5694
工业机器人系统操作人员	5681
汽车零部件技术人员	5662
软件开发人员	5657
机械技术人员	5652
机电技术人员	5652
工业互联网工程技术人员	5650
材料工程技术人员	5627
市场经理	5626
采矿工程技术人员	5625
航空维护与操作技术人员	5608
化学设备操作和管理人员	5607
电气工程技术人员	5552
仓储主管	5551
机械装配技术人员	5550
交通技术人员	5549

续表

职业	毕业半年后的月收入
质量管控、检查、测试人员	5543
计算机硬件工程技术人员	5542
智能制造工程技术人员	5525
销售经理	5522
电厂操作人员	5506
电子工程技术人员	5506
电子和电气设备装配技术人员	5487
运营经理	5486
电工技术人员	5473
发电站、变电站和中继站的电子和电气修理技术人员	5442
施工经理	5436
计算机售前、售后技术支持人员	5432
计算机程序员	5370
电气和电子运输设备安装和修理技术人员	5365
加工金属或塑料的数控机床操作维护人员	5341
安全工程技术人员	5333
生产计划管理员	5331
输电线安装修理技术人员	5325
化学技术人员	5257
电力辅助设备操作人员	5231
银行信贷员	5231
新媒体策划、编辑、运营人员	5216
全国高职	4775

注：毕业生规模过小的职业不包括在此排序中。

资料来源：麦可思－中国2024届大学毕业生培养质量跟踪评价。

五　各用人单位月收入

国企和外企因资源丰富起薪高，而民营企业凭借自身灵活性和创新能力，在中期薪资涨幅最高。具体来看，2024届毕业生在国有企业、中外合资/外资/独资企业就业的月收入分别为5277元、5257元（见图4-7）；2021届高职生毕业三年后，中外合资/外资/独资企业的月收入（7699元）最高，民营企业/个体薪资涨幅（56%）最为明显（见图4-8）。体现了民营企业/个体组织灵活、对市场变化响应快以及内生创新动力强等特点，为员工提供了更宽广的薪资增长空间。

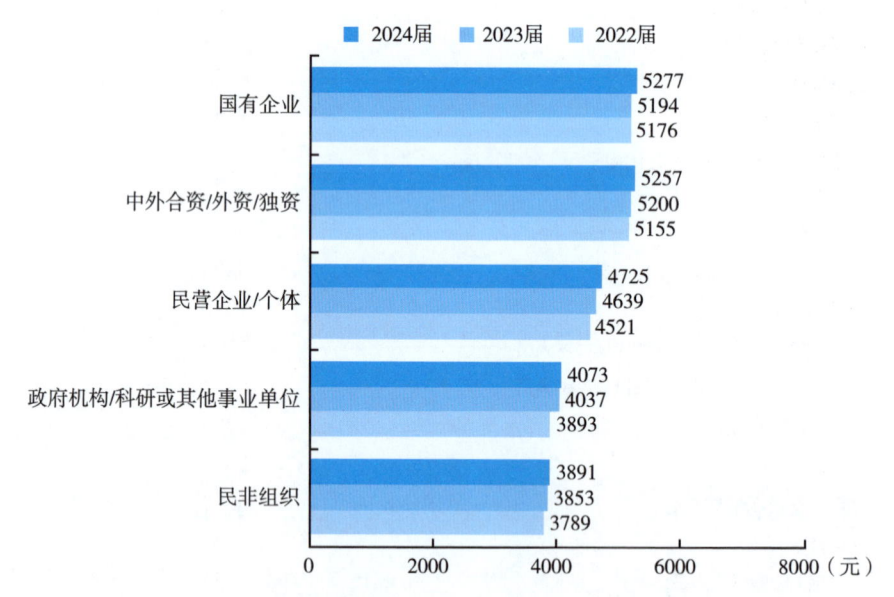

图4-7　2022~2024届高职生毕业半年后在各类型用人单位的月收入

用人单位类型	2024届	2023届	2022届
国有企业	5277	5194	5176
中外合资/外资/独资	5257	5200	5155
民营企业/个体	4725	4639	4521
政府机构/科研或其他事业单位	4073	4037	3893
民非组织	3891	3853	3789

资料来源：麦可思-中国2022~2024届大学毕业生培养质量跟踪评价。

企业规模与薪资水平呈正向关联。2024届高职毕业生在3000人以上规模用人单位的薪资水平最高，达到5702元（见图4-9）；2021届毕业生进入职场三年后，大型企业仍保持高薪优势，但50人及以下规模单位的薪资涨幅（59%）最显著（见图4-10），表明小规模企业虽起薪较低，但随着毕业生经验积累，其薪资增长潜力较大。这反映了大企业凭借稳健的财务基础和完善的薪酬体系提供高起点，而小微企业则通过灵活的激励与晋升机制，释放员工的中长期回报。

2024年高职毕业生收入分析

图4-8 2021届高职生毕业三年后在各类型用人单位的月收入

用人单位类型	2021届半年后	2021届三年后
中外合资/外资/独资	4983	7699
国有企业	4980	7196
民营企业/个体	4491	7028
政府机构/科研或其他事业单位	3842	5523

注：民非组织因为样本较少，没有包括在内。

资料来源：麦可思－中国2021届大学毕业生三年后职业发展跟踪评价，2021届大学毕业生培养质量跟踪评价。

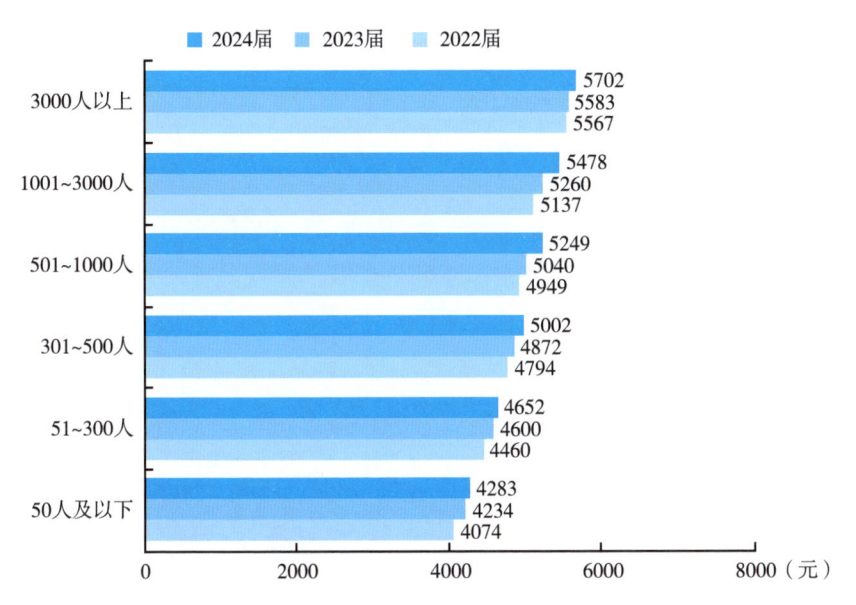

图4-9 2022~2024届高职生毕业半年后在各规模用人单位的月收入

用人单位规模	2024届	2023届	2022届
3000人以上	5702	5583	5567
1001~3000人	5478	5260	5137
501~1000人	5249	5040	4949
301~500人	5002	4872	4794
51~300人	4652	4600	4460
50人及以下	4283	4234	4074

资料来源：麦可思－中国2022~2024届大学毕业生培养质量跟踪评价。

067

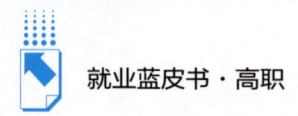

图 4-10 2021届高职生毕业三年后在各规模用人单位的月收入

资料来源：麦可思-中国2021届大学毕业生三年后职业发展跟踪评价，2021届大学毕业生培养质量跟踪评价。

规模	2021届半年后	2021届三年后
3000人以上	5450	8011
1001~3000人	4941	7617
501~1000人	4773	7285
301~500人	4646	6926
50人及以下	4068	6471
51~300人	4363	6278

B.5
2024年高职毕业生就业满意度分析

摘　要： 近五年，高职毕业生就业满意度显著提升，2024届达82%（比2020届上升13个百分点），反映职业院校就业服务体系与毕业生就业观念的同步优化。区域层面，东部地区就业满意度领先，新一线城市与一线城市基本持平。在专业维度，交通运输和生物化工大类毕业生就业满意度最高（84%）；毕业三年后，财经商贸、农林牧渔与食品药品与粮食大类毕业生就业满意度并列80%。行业与职业方面，政府及公共管理、运输等稳定性强的领域及数字技术、智能制造岗位就业满意度最高，而建筑、房地产、生产运营等传统高强度岗位就业满意度偏低。单位类型中，国企和事业单位就业满意度最高，民企虽起薪略低但近年就业满意度提升至81%，职场中期仍需加强职业发展支持。

关键词： 就业满意度　就业观念　就业领域差异　高职生

一　总体就业满意度

就业满意度：指工作的毕业生对目前就业现状的满意程度，评价结果分为"很满意""满意""不满意""很不满意"，其中"很满意""满意"属于满意的范围，"不满意""很不满意"属于不满意的范围。

近五年，应届高职毕业生的就业满意度持续攀升，从2020届的69%提升至2024届的82%（见图5-1）；从不同院校类型来看，"双高"院校、非"双高"院校毕业生的就业满意度均呈持续上升趋势，2024届分别达到84%、

82%（见图 5-2）。

这一变化，反映了：一是毕业生就业观念更加理性；二是职业院校就业服务体系不断完善，通过强化就业指导、优化校企合作、丰富实习实践等服务，使得毕业生能够建立更合理的职业预期。

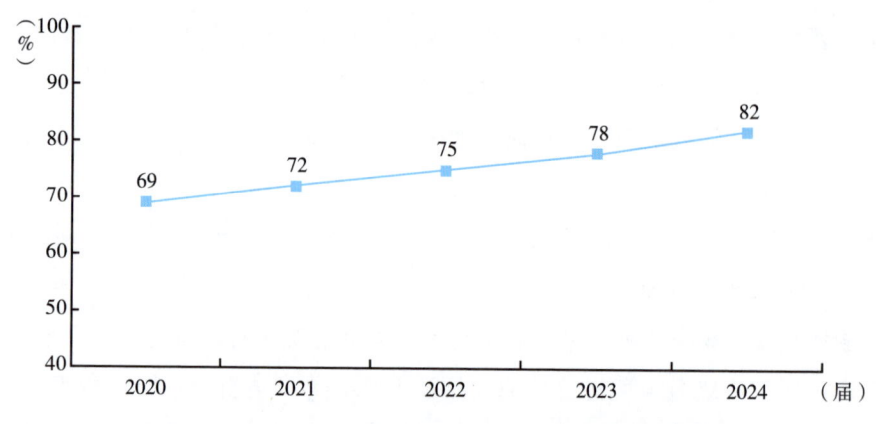

图 5-1 2020~2024 届高职生毕业半年后的就业满意度

资料来源：麦可思－中国 2020~2024 届大学毕业生培养质量跟踪评价。

图 5-2 2020~2024 届各类高职院校毕业生毕业半年后的就业满意度

资料来源：麦可思－中国 2020~2024 届大学毕业生培养质量跟踪评价。

2024年高职毕业生就业满意度分析

随着职业发展和工作经验的积累，高职毕业生的就业满意度进一步提升。2021届高职毕业生在毕业半年后的就业满意度为72%，毕业三年后提高5个百分点，达到77%；从不同院校类型来看，"双高"院校毕业生毕业三年后的就业满意度（80%）相对较高，非"双高"院校毕业生毕业三年后的就业满意度为76%（见图5-3）。

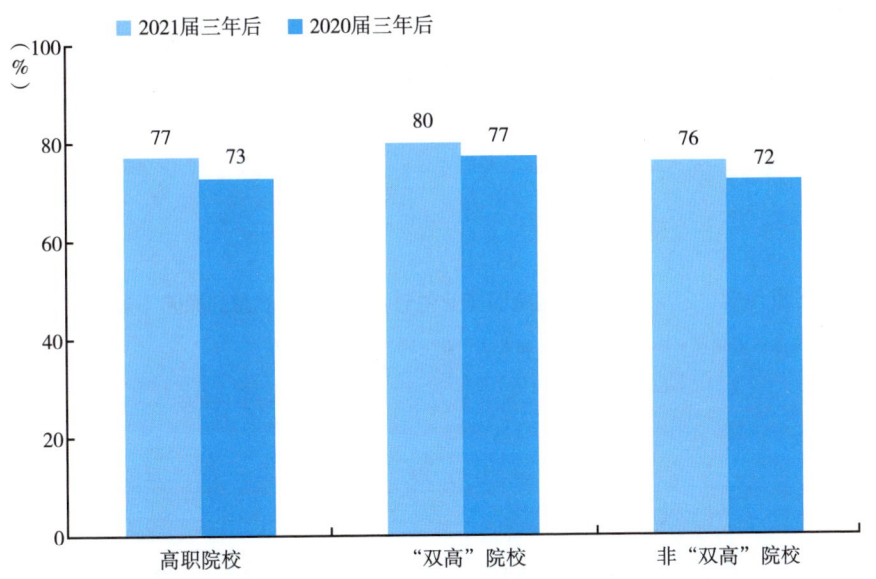

图5-3　2020届、2021届高职生毕业三年后的就业满意度

资料来源：麦可思－中国2020届、2021届大学毕业生三年后职业发展跟踪评价。

2024届对就业不满意的高职毕业生中，有71%是因为收入低，有44%是因为发展空间不够；此外，"工作能力不够造成压力大"的比例呈上升趋势，2024届达到26%（见图5-4），这反映产业数字化、智能化升级对技术技能人才提出了更高素质要求。这也提示，职业院校应深化校企协同、优化实训与职业规划服务，以有效提升毕业生的岗位胜任能力。

就业蓝皮书·高职

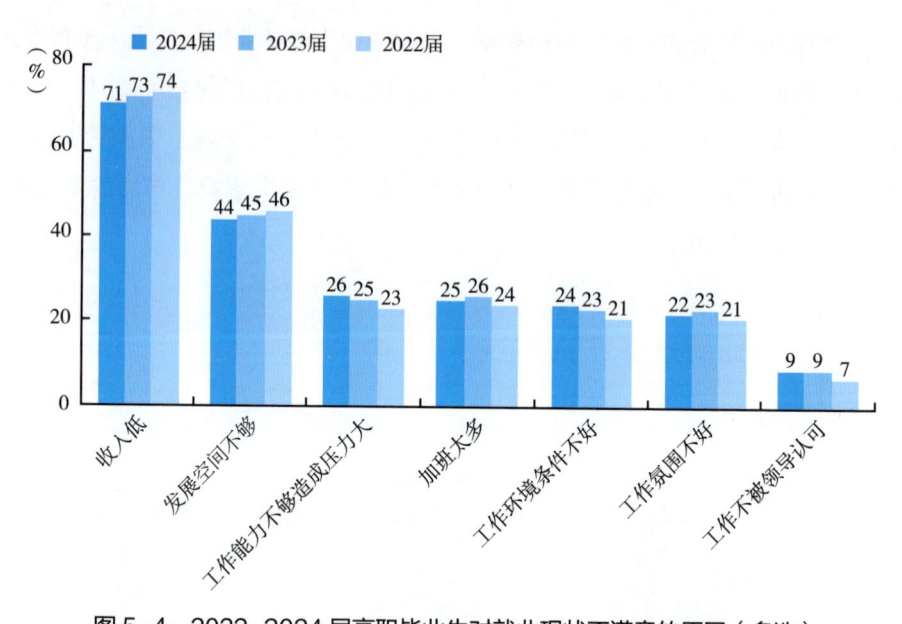

图 5-4　2022~2024 届高职毕业生对就业现状不满意的原因（多选）

资料来源：麦可思-中国 2022~2024 届大学毕业生培养质量跟踪评价。

二　各专业就业满意度

2024 届各专业大类的就业满意度普遍有所提升。具体来看，交通运输大类、生物与化工大类的就业满意度并列第一，且近三届呈现持续上升的趋势，2024 届均达到 84%；旅游大类、财经商贸大类、能源动力与材料大类的就业满意度紧随其后，2024 届均为 83%（见表 5-1）。

表 5-1　2022~2024 届高职各专业大类毕业生毕业半年后的就业满意度

单位：%

专业大类	2024 届	2023 届	2022 届
交通运输大类	84	79	76
生物与化工大类	84	82	79
旅游大类	83	81	77
财经商贸大类	83	80	76

续表

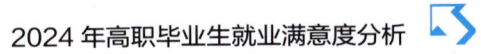

专业大类	2024 届	2023 届	2022 届
能源动力与材料大类	83	82	78
装备制造大类	82	78	75
食品药品与粮食大类	82	77	74
文化艺术大类	82	77	74
农林牧渔大类	81	80	78
新闻传播大类	81	76	73
资源环境与安全大类	81	77	74
电子与信息大类	81	77	74
土木建筑大类	80	77	74
医药卫生大类	80	75	71
教育与体育大类	80	75	73
公共管理与服务大类	80	77	73
全国高职	82	78	75

注：个别专业大类因为样本较少，没有包括在内。
资料来源：麦可思－中国2022~2024届大学毕业生培养质量跟踪评价。

从毕业三年后来看，财经商贸大类、农林牧渔大类、食品药品与粮食大类的就业满意度并列第一（均为80%）（见表5-2），这反映毕业生在相关就业领域的职业适配性较好。

表5-2　2020届、2021届高职各专业大类毕业生毕业三年后的就业满意度

单位：%

专业大类	2021 届	2020 届
财经商贸大类	80	76
农林牧渔大类	80	77
食品药品与粮食大类	80	75
教育与体育大类	78	77
旅游大类	78	74
文化艺术大类	77	75
生物与化工大类	77	72
装备制造大类	76	71

续表

专业大类	2021届	2020届
交通运输大类	76	73
公共管理与服务大类	76	71
能源动力与材料大类	74	71
电子与信息大类	74	71
医药卫生大类	74	70
资源环境与安全大类	73	68
土木建筑大类	73	71
全国高职	77	73

注：个别专业大类因为样本较少，没有包括在内。
资料来源：麦可思－中国2020届、2021届大学毕业生三年后职业发展跟踪评价。

毕业半年后就业满意度排名靠前的30位专业中，铁道运输类专业数量较多且排名普遍靠前。具体来看，铁道供电技术专业的就业满意度（88%）最高，铁道机车运用与维护、铁道工程技术、铁道交通运营管理专业（均为85%）并列第三位（见表5-3），体现出高起薪和稳定职业前景对就业满意度的显著拉动作用。

此外，国际经济与贸易、空中乘务、现代通信技术、分析检验技术等服务与技术类专业就业满意度也位列前茅，反映出毕业生对行业成长性和职业匹配度的认可。

表5-3 2024届高职生毕业半年后的就业满意度排前30位的专业

单位：%

专业	就业满意度
铁道供电技术	88
国际经济与贸易	87
空中乘务	87
现代通信技术	85
分析检验技术	85
电力系统自动化技术	85
铁道机车运用与维护	85
石油化工技术	85

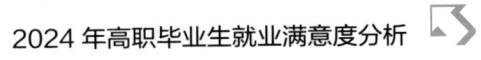

续表

专业	就业满意度
铁道工程技术	85
铁道交通运营管理	85
电子商务	84
商务英语	84
社会体育	84
眼视光技术	84
动物医学	84
国际商务	84
环境艺术设计	84
铁道信号自动控制	84
烹饪工艺与营养	84
供用电技术	84
金融服务与管理	84
电气自动化技术	84
国际邮轮乘务管理	84
市场营销	84
发电厂及电力系统	84
数字媒体技术	83
酒店管理与数字化运营	83
工商企业管理	83
药品经营与管理	83
大数据与财务管理	83
全国高职	82

注：毕业生规模过小的专业不包括在此排序中。

资料来源：麦可思-中国2024届大学毕业生培养质量跟踪评价。

从毕业三年后的数据来看，经济贸易类专业的就业满意度（82%）最高，其后是药品与医疗器械类（81%）、电子商务类（80%）、公共管理类（80%）、航空运输类（80%）等（见表5-4）。

表 5-4 2021 届高职主要专业类毕业生毕业三年后的就业满意度

单位：%

专业类	就业满意度
经济贸易类	82
药品与医疗器械类	81
电子商务类	80
公共管理类	80
航空运输类	80
体育类	79
畜牧业类	79
铁道运输类	78
财务会计类	78
教育类	78
医学技术类	78
艺术设计类	78
汽车制造类	78
旅游类	78
食品类	77
工商管理类	77
化工技术类	77
语言类	77
物流类	76
道路运输类	76
金融类	76
电子信息类	76
护理类	76
城市轨道交通类	75
表演艺术类	75
计算机类	75
自动化类	74
机械设计制造类	74
建设工程管理类	73
通信类	73

续表

专业类	就业满意度
临床医学类	72
土建施工类	71
机电设备类	70
建筑设计类	69
测绘地理信息类	69
全国高职	77

注：个别专业类因为样本较少，没有包括在内。
资料来源：麦可思－中国2021届大学毕业生三年后职业发展跟踪评价。

三 各地区就业满意度

东部地区持续保持较高就业满意度，2024届达83%。过去三年，四大地区的就业满意度均呈稳步上升趋势，中部与西部地区也分别从73%和72%提升至81%（见表5-5），这反映了区域协调发展和本地产业升级对毕业生就业体验的正向作用。

在三大经济区中，京津冀地区就业满意度最高，2024届为84%，领先于长三角（81%）和珠三角（80%）（见表5-6）。除了薪酬水平外，完善的就业环境、岗位稳定性、工作生活平衡性也是影响毕业生就业满意度的重要因素，提示毕业生在择业时需结合个人偏好和发展需求进行综合权衡。

表5-5 2022~2024届高职生毕业半年后在各区域的就业满意度

单位：%

区域	2024届	2023届	2022届
东部地区	83	79	76
东北地区	82	79	75
中部地区	81	77	73
西部地区	81	76	72
全国高职	82	78	75

资料来源：麦可思－中国2022~2024届大学毕业生培养质量跟踪评价。

表 5-6　2022~2024 届高职生毕业半年后在三大经济区域的就业满意度

单位：%

经济区域	2024 届	2023 届	2022 届
京津冀地区	84	80	77
长三角地区	81	78	75
珠三角地区	80	77	73
全国高职	82	78	75

资料来源：麦可思－中国 2022~2024 届大学毕业生培养质量跟踪评价。

近五年，高职毕业生在一线与新一线城市的就业满意度均稳步提升，2024 届高职毕业生在一线城市就业的满意度为 82%，新一线城市为 81%，两者基本持平（见图 5-5）。这反映了新一线城市不断优化人才政策、培育特色产业集群，并改善公共服务和降低生活成本，使得毕业生在这些城市既能获得有竞争力的薪资，也能享受较大的职业发展空间与较高的生活质量。

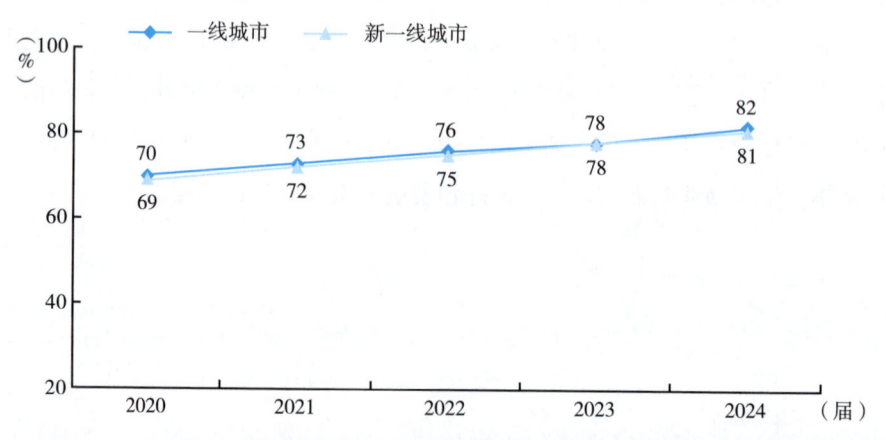

图 5-5　2020~2024 届高职生毕业半年后在一线、新一线城市的就业满意度

资料来源：麦可思－中国 2020~2024 届大学毕业生培养质量跟踪评价。

四　主要行业、职业就业满意度

毕业生就业满意度与行业属性高度相关。从毕业半年、三年后的数据来看，在稳定性高、公共属性强和新质生产力驱动的行业毕业生的就业满意度更高。如政府及公共管理、运输、文体娱乐、交通运输设备制造、金融等领域（见图5-6、图5-8）。

相比之下，传统工业和服务业的就业满意度相对较低（图5-7、图5-9）。这可能与相关行业面临的多重发展约束有关，包括工作环境相对艰苦、劳动强度大且周期性波动等因素，毕业生的实际工作体验与职业预期存在落差。

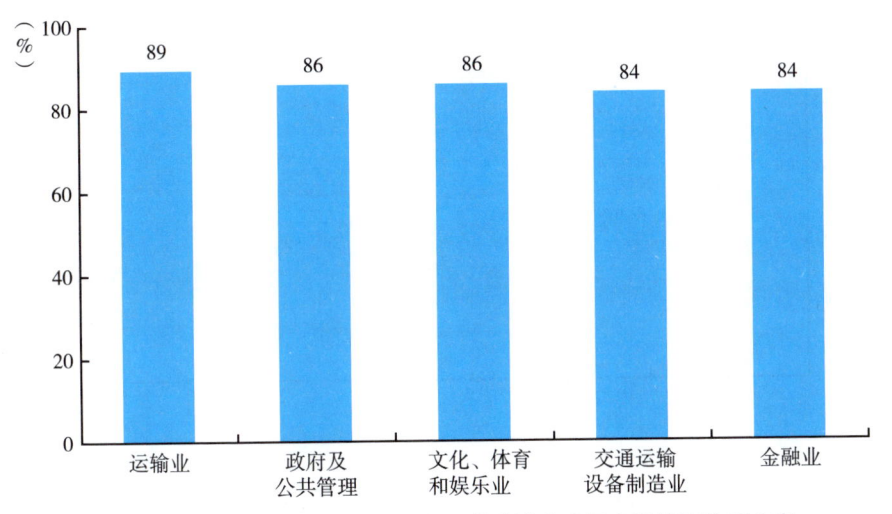

行业类	满意度（%）
运输业	89
政府及公共管理	86
文化、体育和娱乐业	86
交通运输设备制造业	84
金融业	84

图5-6　2024届高职生毕业半年后就业满意度最高的前五位行业类

注：毕业生规模过小的行业类不包括在此排序中。

资料来源：麦可思-中国2024届大学毕业生培养质量跟踪评价。

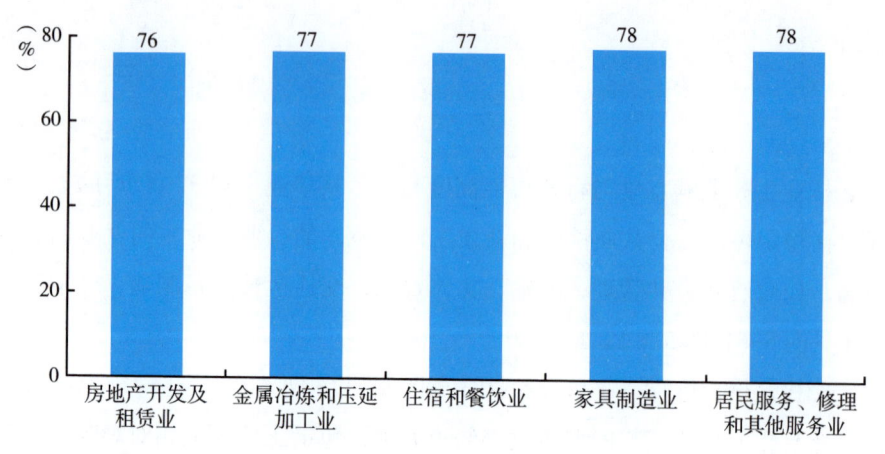

图 5-7 2024 届高职生毕业半年后就业满意度最低的前五位行业类

注：毕业生规模过小的行业类不包括在此排序中。

资料来源：麦可思-中国 2024 届大学毕业生培养质量跟踪评价。

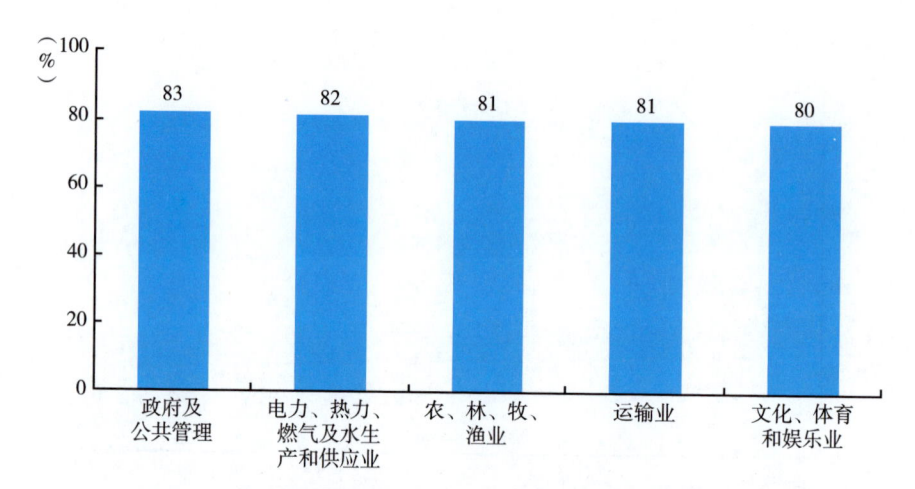

图 5-8 2021 届高职生毕业三年后就业满意度最高的前五位行业类

注：毕业生规模过小的行业类不包括在此排序中。

资料来源：麦可思-中国 2021 届大学毕业生三年后职业发展跟踪评价。

2024 年高职毕业生就业满意度分析

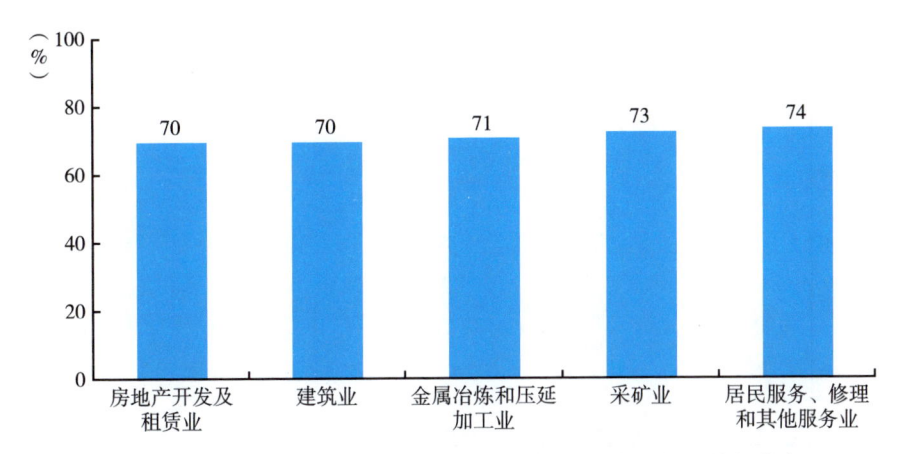

图 5-9　2021 届高职生毕业三年后就业满意度最低的前五位行业类

注：毕业生规模过小的行业类不包括在此排序中。

资料来源：麦可思 - 中国 2021 届大学毕业生三年后职业发展跟踪评价。

毕业生就业满意度与从事的岗位性质紧密相关。满意度较高的职业主要与交通运输、数字技术、涉农技术、电力/能源、教育等相关，这些职业或者薪资水平较高，或者工作稳定性强，或者职业晋升路径清晰；相比之下，生产/运营、餐饮/娱乐等传统技术或服务类岗位的就业满意度偏低（见图 5-10~5-13）。

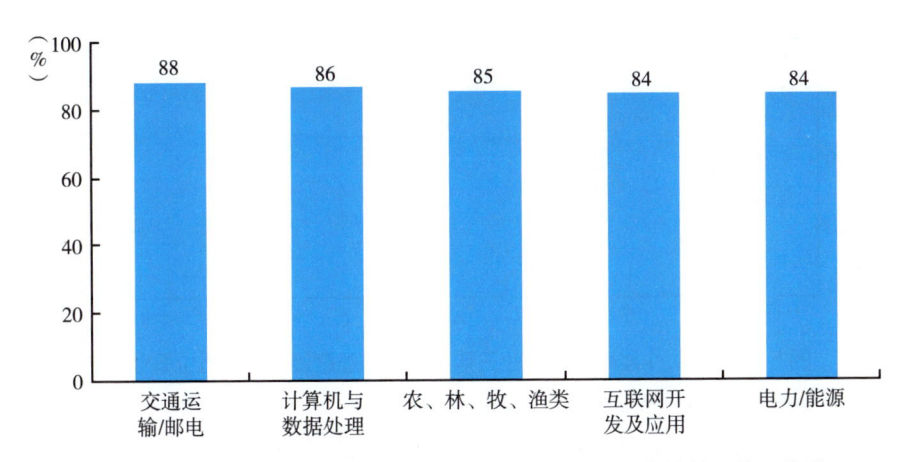

图 5-10　2024 届高职生毕业半年后的就业满意度最高的前五位职业类

注：毕业生规模过小的职业类不包括在此排序中。

资料来源：麦可思 - 中国 2024 届大学毕业生培养质量跟踪评价。

081

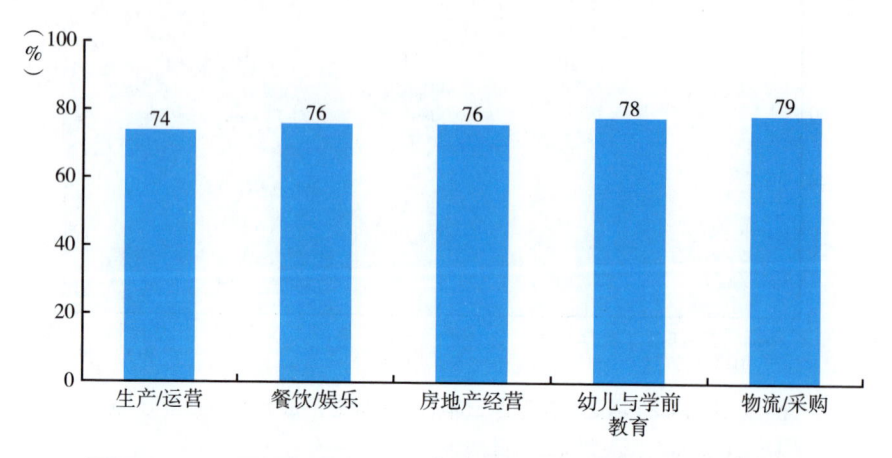

图 5-11　2024 届高职生毕业半年后就业满意度最低的前五位职业类

注：毕业生规模过小的职业类不包括在此排序中。

资料来源：麦可思-中国 2024 届大学毕业生培养质量跟踪评价。

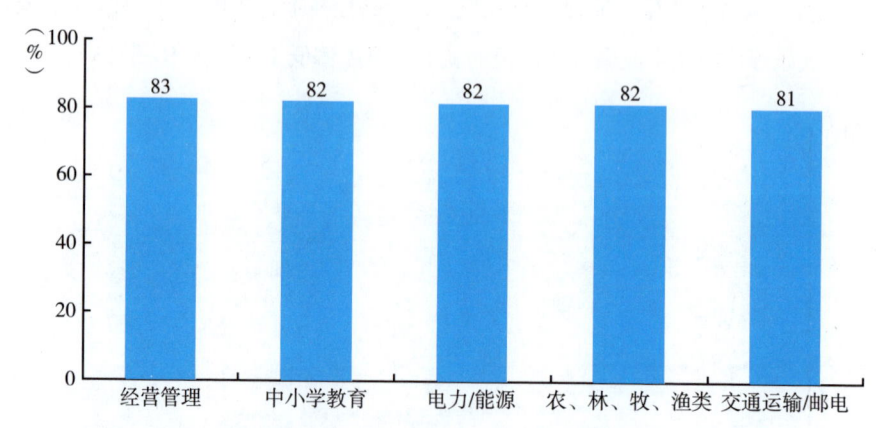

图 5-12　2021 届高职生毕业三年后就业满意度最高的前五位职业类

注：毕业生规模过小的职业类不包括在此排序中。

资料来源：麦可思-中国 2021 届大学毕业生三年后职业发展跟踪评价。

2024 年高职毕业生就业满意度分析

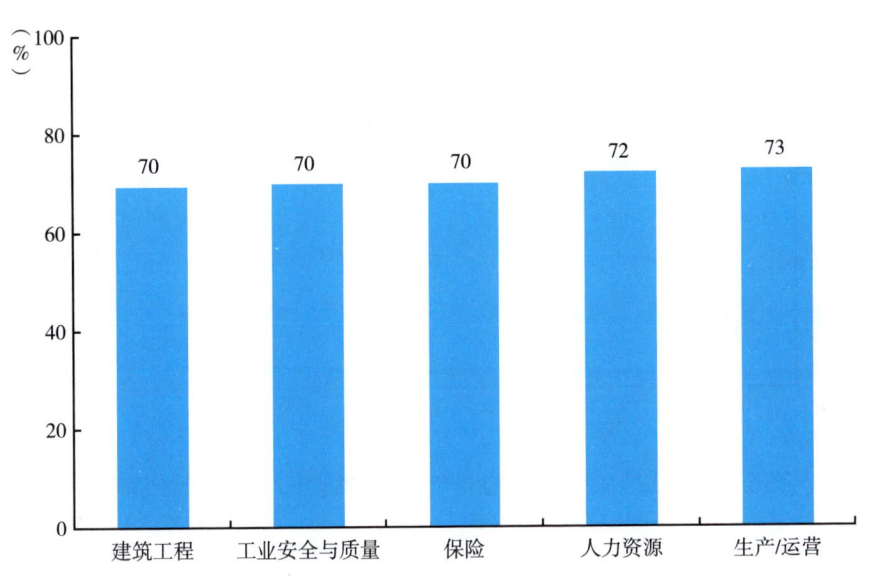

图 5-13　2021 届高职生毕业三年后就业满意度最低的前五位职业类

注：毕业生规模过小的职业类不包括在此排序中。

资料来源：麦可思 - 中国 2021 届大学毕业生三年后职业发展跟踪评价。

五　各用人单位就业满意度

毕业生在国有企业、政府机构 / 科研或其他事业单位的就业满意度较高，这可能与这类单位的工作具备稳定的编制、完善的福利和较为清晰的晋升路径有关。与此同时，在民营企业 / 个体就业的应届毕业生的满意度近五年提升明显，从 2020 届的 67% 提升至 2024 届的 81%（见图 5-14），反映出产业升级与政策支持正持续优化其就业生态。

从毕业中期反馈来看，2021 届毕业生在民营企业 / 个体就业的满意度（75%）仍相对偏低（见图 5-15），这可能与毕业生面临的竞争压力、工作强度、职业发展瓶颈等因素有关。

083

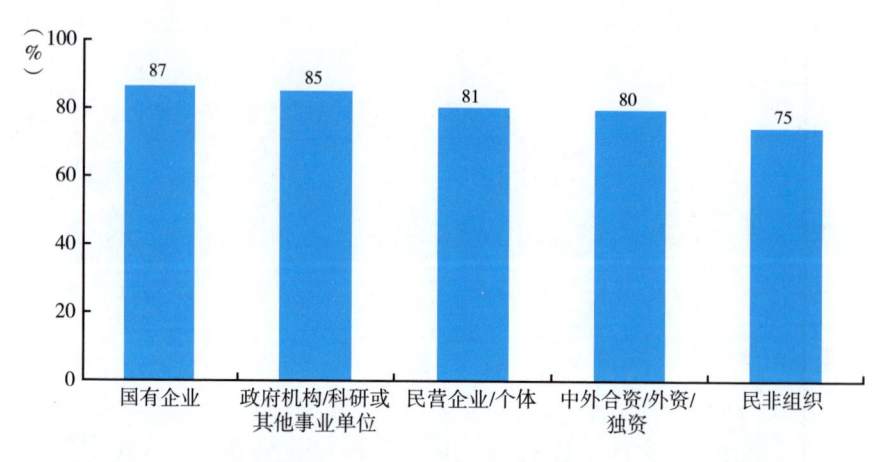

图5-14 2024届高职生毕业半年后在各类型用人单位的就业满意度

用人单位类型	满意度(%)
国有企业	87
政府机构/科研或其他事业单位	85
民营企业/个体	81
中外合资/外资/独资	80
民非组织	75

资料来源：麦可思－中国2024届大学毕业生培养质量跟踪评价。

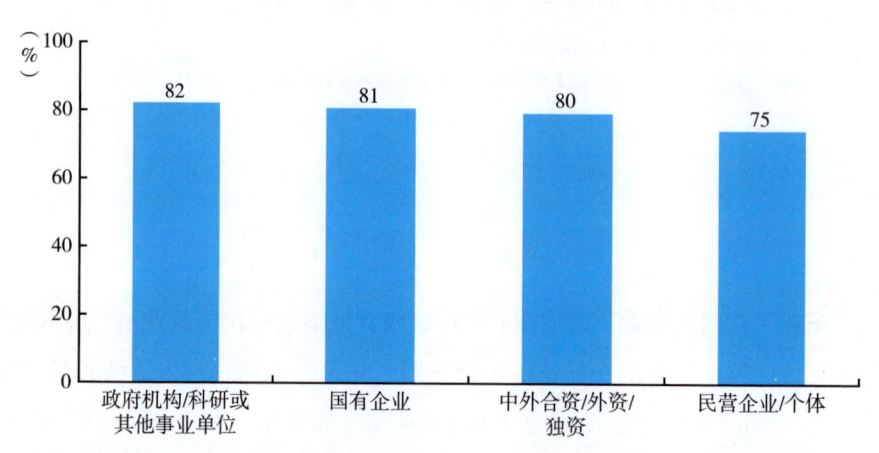

图5-15 2021届高职生毕业三年后在各类型用人单位的就业满意度

用人单位类型	满意度(%)
政府机构/科研或其他事业单位	82
国有企业	81
中外合资/外资/独资	80
民营企业/个体	75

注：民非组织用人单位因为样本较少，没有包括在内。
资料来源：麦可思－中国2021届大学毕业生三年后职业发展跟踪评价。

B.6
2024年高职毕业生职业发展分析

摘　要： 2024届高职毕业生的专业适配度保持稳定，61%从事本专业相关工作，与上届持平；但因"专业工作的环境不好"转向非对口岗位的比例有所上升，反映出新生代对职场文化和团队氛围的更高关注。职业发展方面，2021届毕业生三年内晋升比例达50%，其中升本毕业生的"后发优势"仍需更长时间积累释放。就业稳定性方面，毕业生在入职初期对工作适应性相对稳定，但因工作压力大而离职的比例有所上升，这既凸显毕业生对工作生活平衡的需求，也揭示就业市场供需的结构性矛盾；建议职业院校加强前置职业体验课程以缩小认知差距，企业则需相应地增强组织灵活性。

关键词： 专业适配度　职场文化　职位晋升　组织灵活性　高职生

一　工作与专业相关度

（一）总体工作与专业相关度

工作与专业相关度： 指毕业生目前所从事的工作与所学专业的对口情况，由受雇全职工作的毕业生回答自己目前的工作是否与所学专业相关。工作与专业相关度＝受雇全职工作并且工作与专业相关的毕业生人数/受雇全职工作的毕业生人数。

工作与专业相关度是衡量职业教育与产业需求匹配程度的关键指标。2024届高职毕业生从事专业相关工作的比例为61%，与2023届持平（见图

6-1）；其中，"双高"院校毕业生的工作与专业相关度相对较高，2024届为65%（见图6-2）。这反映"双高"院校在专业建设、动态课程调整以及"顶岗实训"项目上，与岗位对接较好。

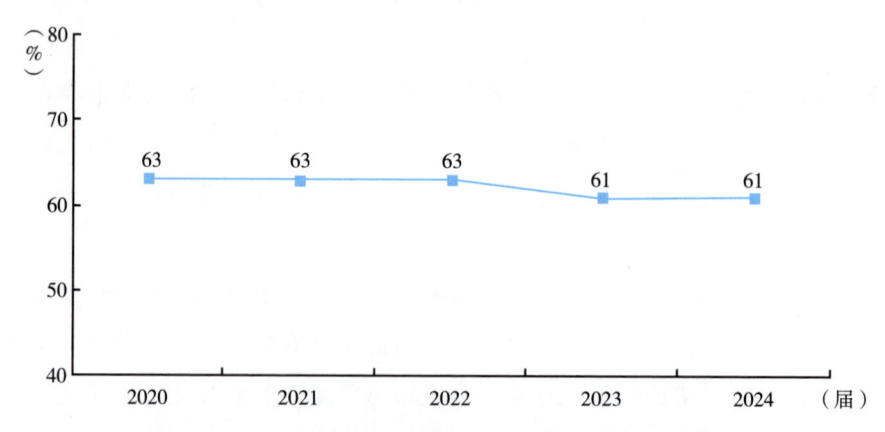

图6-1　2020~2024届高职毕业生的工作与专业相关度

资料来源：麦可思-中国2020~2024届大学毕业生培养质量跟踪评价。

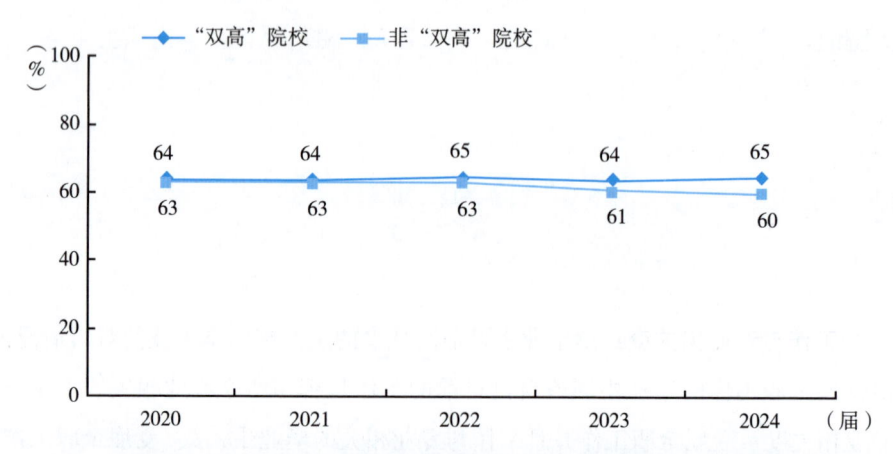

图6-2　2020~2024届各类高职院校毕业生的工作与专业相关度

资料来源：麦可思-中国2020~2024届大学毕业生培养质量跟踪评价。

进入职场三年后，毕业生的工作与专业相关度有所下降，2021届高职生毕业三年后的工作与专业相关度为55%（见图6-3）。随着毕业生在职场中积累的经验和技能增多，其职业路径多样化、升迁机会增多，工作选择面变宽。

图6-3 2020届、2021届高职生毕业三年后的工作与专业相关度

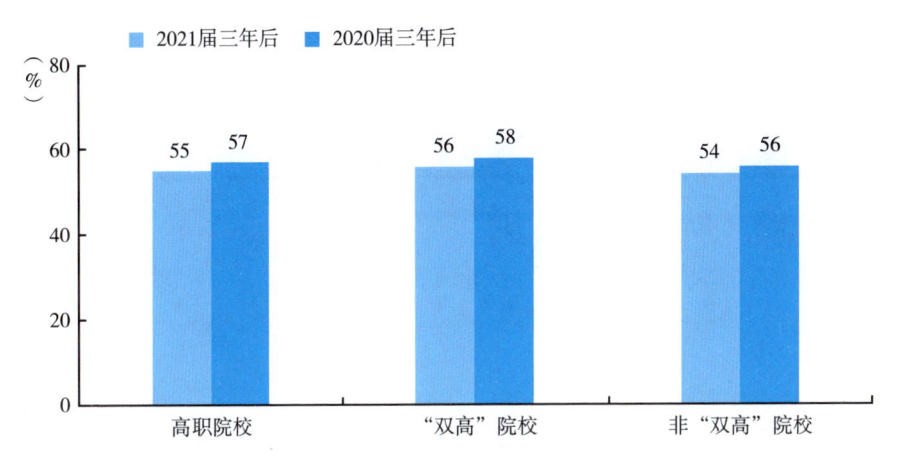

	高职院校	"双高"院校	非"双高"院校
2021届三年后	55	56	54
2020届三年后	57	58	56

资料来源：麦可思-中国2020届、2021届大学毕业生三年后职业发展跟踪评价。

从2024届高职毕业生选择专业无关工作原因来看，因"迫于现实先就业再择业"而从事与专业无关的工作比例（29%）最高，尽管比前两届（30%、31%）略有回落；而因"专业工作的环境不好"选择无关专业岗位的比例逐年上升，2024届为13%（见图6-4）。对于职业院校而言，可拓展"真实工场"体验和企业参观，让学生提前感知行业工作环境，将校内实训模拟结合企业实境，校企联合举办岗位沙盘演练，帮助其形成更贴近现实的职业预期。

（二）主要专业的工作与专业相关度

生物与化工大类、能源动力与材料大类毕业生的工作与专业相关度上升较为明显，2024届均超过医药卫生大类并列第一（79%）（见表6-1）。医药卫生大类2021届毕业生相比2020届在毕业三年后的工作与专业相关度有所下滑（见表6-2），这可能与供需失衡、学历竞争等因素有关。

就业蓝皮书·高职

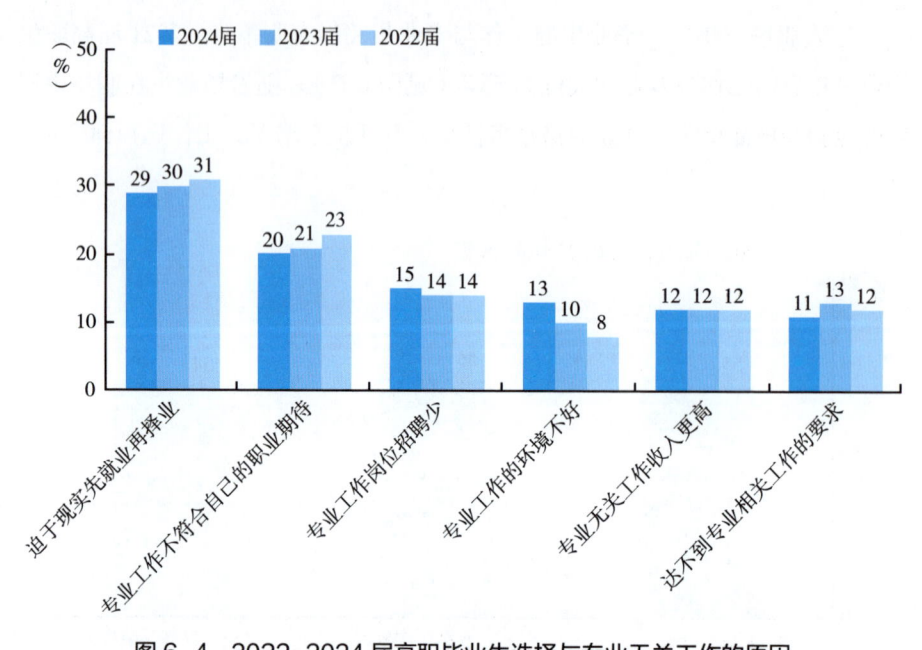

图 6-4　2022~2024 届高职毕业生选择与专业无关工作的原因

原因	2024届	2023届	2022届
迫于现实先就业再择业	29	30	31
专业工作不符合自己的职业期待	20	21	23
专业工作岗位招聘少	15	14	14
专业工作的环境不好	13	10	8
专业无关工作收入更高	12	12	12
达不到专业相关工作的要求	11	13	12

资料来源：麦可思－中国 2022~2024 届大学毕业生培养质量跟踪评价。

表 6-1　2022~2024 届高职各专业大类毕业生的工作与专业相关度

单位：%

专业大类	2024 届	2023 届	2022 届
生物与化工大类	79	78	74
能源动力与材料大类	79	76	75
医药卫生大类	78	81	83
新闻传播大类	66	62	61
资源环境与安全大类	65	68	69
装备制造大类	65	62	59
教育与体育大类	61	66	69
农林牧渔大类	61	65	65
食品药品与粮食大类	60	65	64
文化艺术大类	58	56	58

续表

专业大类	2024届	2023届	2022届
土木建筑大类	58	66	70
旅游大类	57	52	48
交通运输大类	56	56	58
财经商贸大类	55	56	55
公共管理与服务大类	49	53	56
电子与信息大类	48	46	50
全国高职	61	61	63

注：个别专业大类因为样本较少，没有包括在内。
资料来源：麦可思－中国2022~2024届大学毕业生培养质量跟踪评价。

表6-2　2020届、2021届高职各专业大类毕业生毕业三年后的工作与专业相关度

单位：%

专业大类	2021届	2020届
医药卫生大类	80	85
教育与体育大类	62	61
能源动力与材料大类	62	64
资源环境与安全大类	61	59
生物与化工大类	61	60
土木建筑大类	58	64
交通运输大类	55	60
农林牧渔大类	53	55
装备制造大类	53	50
文化艺术大类	51	50
财经商贸大类	49	47
公共管理与服务大类	49	48
食品药品与粮食大类	48	50
电子与信息大类	44	49
旅游大类	39	40
全国高职	55	57

注：个别专业大类因为样本较少，没有包括在内。
资料来源：麦可思－中国2020届、2021届大学毕业生三年后职业发展跟踪评价。

从专业层面看，医药卫生大类虽然总体有波动，但细分专业对口程度仍相对较高，其中口腔医学、临床医学专业毕业生的工作与专业相关度均超过90%（见表6-3）。这也与医疗健康领域的严格准入制度与专业的精细化培养路径有关。

表6-3　2024届高职毕业生的工作与专业相关度排前30位的专业

单位：%

专业	工作与专业相关度
口腔医学	97
临床医学	91
针灸推拿	89
眼视光技术	87
中医学	85
石油化工技术	85
铁道机车运用与维护	84
发电厂及电力系统	82
应用化工技术	81
铁道交通运营管理	80
电力系统自动化技术	79
铁道信号自动控制	78
护理	78
铁道供电技术	78
体育教育	77
供用电技术	77
铁道工程技术	76
助产	76
中医康复技术	75
药学	74
分析检验技术	73
城市轨道车辆应用技术	73
畜牧兽医	72
康复治疗技术	71

续表

专业	工作与专业相关度
中药学	71
机械制造及自动化	71
水利水电建筑工程	71
工业过程自动化技术	71
机电一体化技术	71
电气自动化技术	70
全国高职	61

注：毕业生规模过小的专业不包括在此排序中。
资料来源：麦可思－中国2024届大学毕业生培养质量跟踪评价。

（三）主要职业的工作与专业相关度

卫生健康类职业因专业性强和准入门槛高，其工作与专业相关度位居前列，例如放射技术人员（98%）、医生助理（含乡村医生）（97%）、护士（96%）、医学和临床实验室技术人员（96%）等职业，反映了医疗行业对专业资质和技能的严格要求；相比之下，销售、行政以及与生活服务相关的职业对从业人员专业背景的要求较低（见表6-4、表6-5），说明此类职业更注重通用技能与经验积累，而非特定专业训练。

表6-4　2024届高职毕业生的工作与专业相关度要求最高的前20位职业

单位：%

职业	工作与专业相关度
放射技术人员	98
医生助理（含乡村医生）	97
护士	96
医学和临床实验室技术人员	96
铁路闸、铁路信号和转辙器操作人员	95
理疗员	94

续表

职业	工作与专业相关度
幼儿教师	93
兽医	93
列车司机	92
铁轨铺设及维护设备操作人员	92
牙科保健人员	92
工程造价人员	90
铁路、道路或水上客运乘务员	89
工业设计师	87
时尚设计师	87
室内设计师	86
软件开发人员	86
工程测量技术人员	86
发电站、变电站和中继站的电子和电气修理技术人员	85
电气工程技术人员	85
全国高职	61

注：毕业生规模过小的职业不包括在此排序中。
资料来源：麦可思－中国2024届大学毕业生培养质量跟踪评价。

表6-5　2024届高职毕业生的工作与专业相关度要求最低的前20位职业

单位：%

职业	工作与专业相关度
手工包装人员	18
休闲项目工作人员	21
劳资关系专职人员	23
咖啡师	23
餐饮服务生	25
保险销售人员	27
辅警	28
人力资源助理	28

续表

职业	工作与专业相关度
房地产经纪人	28
文员	29
客服专员	30
餐饮服务主管	30
社区和村镇工作人员	31
推销员	32
行政秘书和行政助理	32
活动执行	33
人力资源专职人员	33
数据录入员	34
收银员	34
贷款顾问	35
全国高职	61

注：毕业生规模过小的职业不包括在此排序中。

资料来源：麦可思－中国2024届大学毕业生培养质量跟踪评价。

二　职位晋升情况

（一）总体职位晋升

职位晋升：指比之前工作承担的责任更大以及享有的职权更多，如管理职位的晋升、技术或专业晋升等，由工作的毕业生判断是否获得过晋升以及获得晋升的次数。

职位晋升反映了毕业生在不同阶段的成长轨迹，由于部分毕业生毕业后升学，所处的职业发展阶段存在差异，故本书区分当前学历来分析晋升情况，往年分析仅针对专科学历进行，特此说明。

随着工作经验的积累，高职毕业生在职场中的成长和晋升加速。2021届高职生毕业三年内获得过晋升的比例为50%、平均晋升次数为0.8次，其中，当前为专科学历的毕业生平均晋升比例为53%、晋升次数为0.9次；学历提升至本科的毕业生平均晋升比例为45%、平均晋升次数为0.7次（见图6-5、图6-6），这部分毕业生工作时间相对较短，学历提升带来的"后发优势"需要通过更长的时间积累来释放。

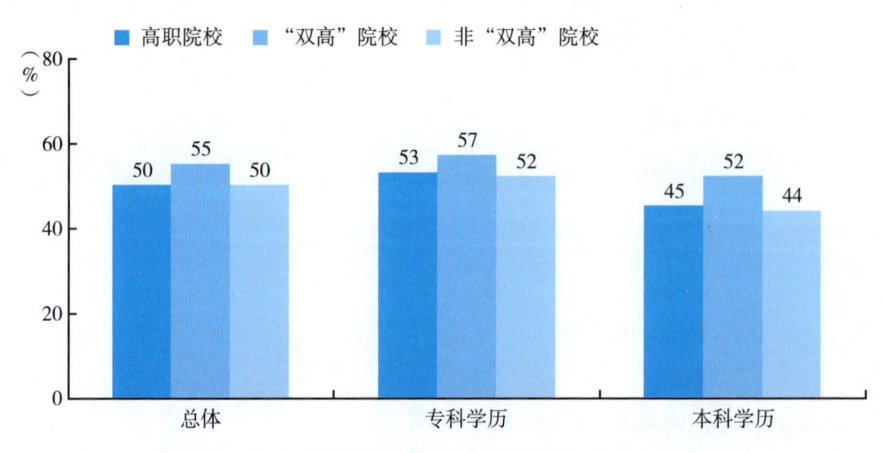

图6-5　2021届高职生毕业三年内获得职位晋升的比例

资料来源：麦可思－中国2021届大学毕业生三年后职业发展跟踪评价。

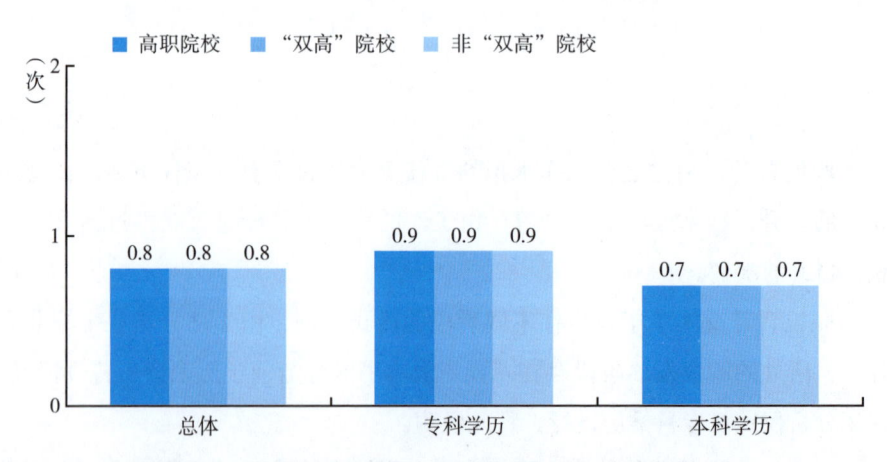

图6-6　2021届高职生毕业三年内获得职位晋升的次数

资料来源：麦可思－中国2021届大学毕业生三年后职业发展跟踪评价。

2024 年高职毕业生职业发展分析

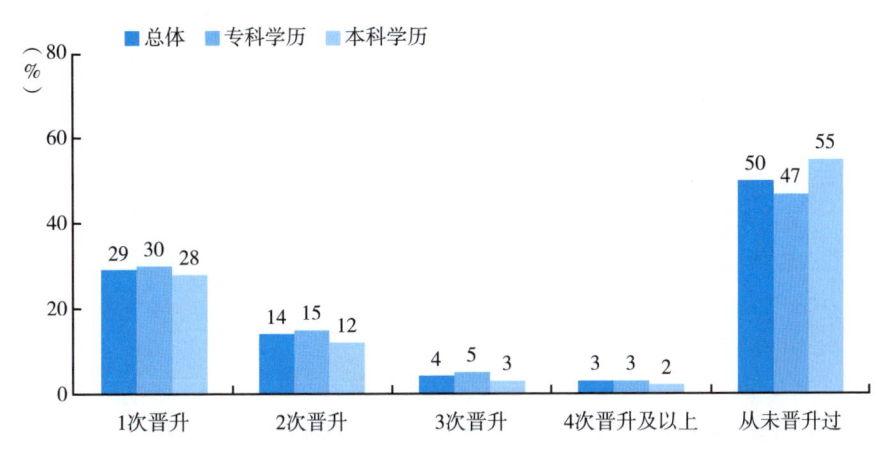

图 6-7　2021 届高职生毕业三年内获得职位晋升的频度

资料来源：麦可思 – 中国 2021 届大学毕业生三年后职业发展跟踪评价。

（二）各专业大类的职位晋升

从专业大类来看，财经商贸大类在专科学历与本科学历毕业生中均晋升比例相对较高，反映相关领域对从业者的业务能力和学历均有持续要求。医药卫生大类无论是否升本，晋升都相对较慢，说明医疗机构晋升机制更依赖资历与专业资质。

从学历差异来看，旅游大类、农林牧渔大类和文化艺术大类，专科技术技能人才晋升空间较大，更强调职业技能与行业的对接，进入职场更早可积累更多经验。

而本科学历在装备制造大类、公共管理与服务大类中晋升表现突出，可见较高学历有助于对高层次岗位的竞争（见表 6-6、表 6-7）。

表 6-6　2021 届高职各专业大类毕业生毕业三年内获得职位晋升的情况（专科学历）

单位：%，次

专业大类	晋升比例	晋升次数
旅游大类	66	1.1
农林牧渔大类	60	1.0

095

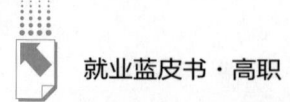

续表

专业大类	晋升比例	晋升次数
文化艺术大类	60	1.0
财经商贸大类	58	0.9
土木建筑大类	57	0.9
装备制造大类	56	0.9
能源动力与材料大类	56	0.9
公共管理与服务大类	56	0.9
教育与体育大类	55	0.9
资源环境与安全大类	55	0.9
食品药品与粮食大类	54	0.8
电子与信息大类	53	0.9
交通运输大类	52	0.9
生物与化工大类	50	0.7
医药卫生大类	33	0.5
全国高职	53	0.9

注：个别专业大类因为样本较少，没有包括在内。

资料来源：麦可思－中国2021届大学毕业生三年后职业发展跟踪评价。

表6-7　2021届高职各专业大类毕业生毕业三年内获得职位晋升的情况（本科学历）

单位：%，次

专业大类	晋升比例	晋升次数
财经商贸大类	52	0.8
食品药品与粮食大类	52	0.7
装备制造大类	50	0.8
公共管理与服务大类	50	0.8
文化艺术大类	50	0.8
旅游大类	49	0.7
交通运输大类	47	0.7
能源动力与材料大类	47	0.6
生物与化工大类	45	0.7
农林牧渔大类	45	0.7

续表

专业大类	晋升比例	晋升次数
土木建筑大类	44	0.7
电子与信息大类	44	0.7
资源环境与安全大类	39	0.6
教育与体育大类	37	0.5
医药卫生大类	29	0.4
全国高职	45	0.7

注：个别专业大类因为样本较少，没有包括在内。
资料来源：麦可思－中国2021届大学毕业生三年后职业发展跟踪评价。

（三）主要行业、职业的职位晋升

职位晋升不仅与毕业生的个人能力有关，与其所在就业领域的特点也紧密相关。生活服务领域整体上职位晋升较快，这些行业从业基数大、组织扁平化，管理岗位需求多，为毕业生提供了更快的晋升通道，职业发展更依赖经验积累。而知识技术密集行业，如信息传输、软件和信息技术服务，金融业，电子电气设备制造等领域，则反映出本科学历在高技术和管理岗位中具有竞争优势（见表6-8、表6-9）。

表6-8　2021届高职毕业生毕业三年内在主要行业类获得职位晋升的情况（专科学历）

单位：%，次

行业类	晋升比例	晋升次数
住宿和餐饮业	71	1.3
文化、体育和娱乐业	66	1.3
各类专业设计与咨询服务业	64	1.0
邮递、物流及仓储业	64	1.1
零售业	62	1.1
农、林、牧、渔业	62	1.1
信息传输、软件和信息技术服务业	62	1.1
电子电气设备制造业（含计算机、通信、家电等）	61	1.1

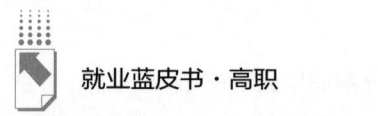

续表

行业类	晋升比例	晋升次数
食品、烟草加工业	60	1.1
金融业	58	0.9
纺织、服装、皮革制造业	58	0.9
房地产开发及租赁业	58	1.0
机械设备制造业	57	1.0
居民服务、修理和其他服务业	57	1.0
其他制造业	56	0.9
建筑业	56	0.9
教育业	56	0.9
交通运输设备制造业	55	0.8
电力、热力、燃气及水生产和供应业	53	1.0
行政、商业和环境保护辅助业	53	0.9
化学品、化工、塑胶制造业	52	0.8
医药及设备制造业	51	0.8
运输业	40	0.6
医疗和社会护理服务业	37	0.6
政府及公共管理	35	0.5
全国高职	53	0.9

注：个别行业类因为样本较少，没有包括在内。

资料来源：麦可思－中国2021届大学毕业生三年后职业发展跟踪评价。

表6-9　2021届高职毕业生毕业三年内在主要行业类获得职位晋升的情况（本科学历）

单位：%，次

行业类	晋升比例	晋升次数
住宿和餐饮业	61	1.0
零售业	59	0.9
信息传输、软件和信息技术服务业	54	0.8
金融业	53	0.8
电子电气设备制造业（含计算机、通信、家电等）	53	0.9
文化、体育和娱乐业	52	0.8

续表

行业类	晋升比例	晋升次数
农、林、牧、渔业	52	0.8
交通运输设备制造业	51	0.7
机械设备制造业	51	0.9
行政、商业和环境保护辅助业	49	0.8
电力、热力、燃气及水生产和供应业	49	0.7
建筑业	48	0.7
医药及设备制造业	47	0.8
化学品、化工、塑胶制造业	46	0.8
教育业	45	0.6
医疗和社会护理服务业	43	0.8
各类专业设计与咨询服务业	43	0.6
政府及公共管理	30	0.5
全国高职	45	0.7

注：个别行业类因为样本较少，没有包括在内。

资料来源：麦可思－中国2021届大学毕业生三年后职业发展跟踪评价。

不同类型岗位的晋升路径呈现明显差异。管理与服务类岗位（如餐饮/娱乐、销售）整体上职位晋升较快，为毕业生提供了更多的晋升机会。专科学历毕业生在"先行入职"且岗位路径扁平化领域（管理、服务、数字化操作）中更快晋升；本科学历毕业生则在"后置学历"加持下，更易在需要数据分析、系统思维与跨部门协同的中层岗位（人力资源、财务/审计/税务/统计、电气/电子）中获得晋升优势（见表6-10、表6-11）。

表6-10 2021届高职毕业生毕业三年内在主要职业类获得职位晋升的情况（专科学历）
单位：%，次

职业类	晋升比例	晋升次数
经营管理	80	1.7
餐饮/娱乐	68	1.3
表演艺术/影视	66	1.3
互联网开发及应用	66	1.1

续表

职业类	晋升比例	晋升次数
人力资源	65	1.0
酒店/旅游/会展	64	1.3
职业培训/其他教育	64	1.2
销售	63	1.0
生产/运营	63	1.1
美术/设计/创意	62	1.2
幼儿与学前教育	62	0.9
物流/采购	62	1.0
媒体/出版	61	1.0
机动车机械/电子	60	1.0
环境保护	59	0.9
电气/电子（不包括计算机）	59	1.1
农/林/牧/渔类	59	1.1
财务/审计/税务/统计	59	1.0
建筑工程	58	1.0
计算机与数据处理	57	1.0
电力/能源	56	1.0
金融（银行/基金/证券/期货/理财）	53	0.9
机械/仪器仪表	51	0.8
生物/化工	50	0.7
中小学教育	48	0.7
交通运输/邮电	46	0.6
行政/后勤	46	0.7
社区工作者	44	0.5
公安/检察/法院/经济执法	35	0.6
医疗保健/紧急救助	33	0.7
全国高职	53	0.9

注：个别职业类因为样本较少，没有包括在内。

资料来源：麦可思－中国2021届大学毕业生三年后职业发展跟踪评价。

表 6-11　2021 届高职毕业生毕业三年内在主要职业类获得职位晋升的情况（本科学历）

单位：%，次

职业类	晋升比例	晋升次数
人力资源	62	1.0
物流/采购	59	1.0
销售	56	0.7
美术/设计/创意	54	0.8
财务/审计/税务/统计	54	0.9
互联网开发及应用	54	0.8
电气/电子（不包括计算机）	53	0.9
生产/运营	53	0.9
表演艺术/影视	52	0.9
建筑工程	51	0.8
媒体/出版	51	0.8
农/林/牧/渔类	50	0.8
计算机与数据处理	49	0.7
生物/化工	47	0.7
机械/仪器仪表	47	0.7
电力/能源	47	0.7
金融（银行/基金/证券/期货/理财）	46	0.7
交通运输/邮电	44	0.6
职业培训/其他教育	44	0.8
医疗保健/紧急救助	44	0.7
环境保护	39	0.6
幼儿与学前教育	37	0.5
中小学教育	37	0.5
社区工作者	33	0.4
公安/检察/法院/经济执法	32	0.4
行政/后勤	32	0.5
全国高职	45	0.7

注：个别职业类因为样本较少，没有包括在内。

资料来源：麦可思－中国 2021 届大学毕业生三年后职业发展跟踪评价。

三　职场忠诚度

（一）离职率与雇主数

离职率：指毕业半年内（从毕业时到当年12月31日）有过工作经历的毕业生发生过离职的比例。离职率＝曾经有离职行为的毕业生人数/现在工作或曾经工作过的毕业生人数。

雇主数：指毕业生从第一份工作到毕业三年后的跟踪评价时点，一共为多少个雇主工作过。雇主数越多，则工作转换得越频繁；雇主数可以反映毕业生工作稳定的程度。由于部分毕业生毕业后升学，进入职场时间存在差异，故本书区分当前学历来分析雇主数，而往年分析仅针对专科学历进行，特此说明。

应届高职生毕业半年内离职率在40%~42%，相对平稳，2024届的离职率为40%，与往年变化不大（见图6-8），表明毕业生在入职初期对工作的适应性相对稳定。

分院校类型看，"双高"院校毕业生离职率更低，且呈下降趋势，从2020届的42%下降至2024届的37%（见图6-9）。这说明"双高"院校的教学质量、校企合作深度，以及对毕业生的职业指导与实习实训，提升了初次就业质量。

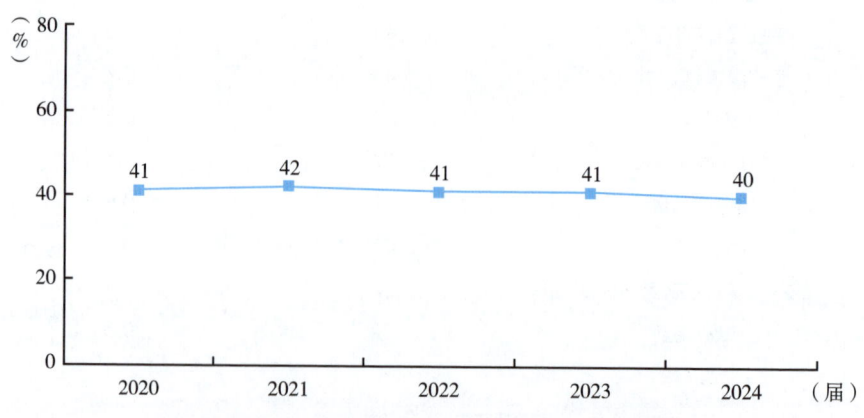

图6-8　2020~2024届高职生毕业半年内的离职率

资料来源：麦可思－中国2020~2024届大学毕业生培养质量跟踪评价。

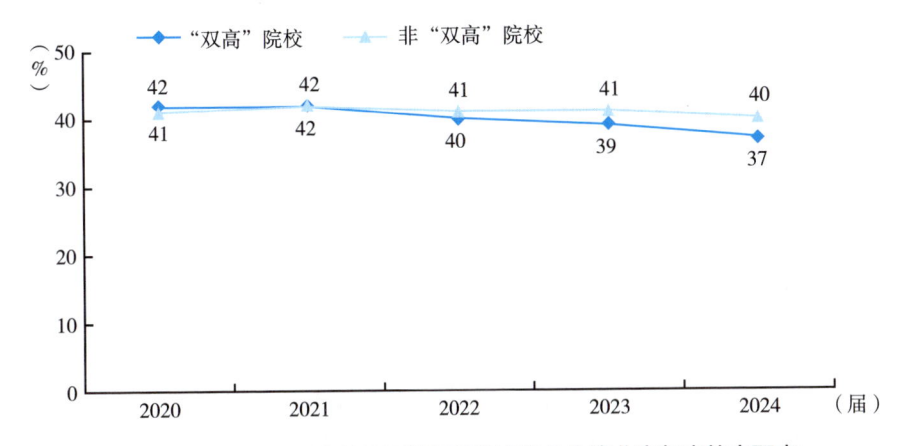

图 6-9　2020~2024届各类高职院校毕业生毕业半年内的离职率

资料来源：麦可思-中国2020~2024届大学毕业生培养质量跟踪评价。

从毕业三年内的雇主数来看，2021届高职生毕业三年内的平均雇主数为2.1个，其中专科学历毕业生的工作时间更长，因而更换次数更多（见图6-10、图6-11）。

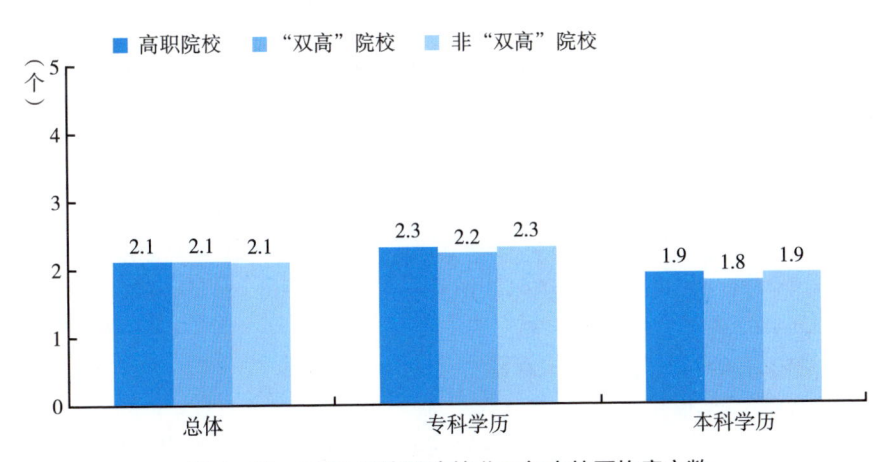

图 6-10　2021届高职生毕业三年内的平均雇主数

资料来源：麦可思-中国2021届大学毕业生三年后职业发展跟踪评价。

就业蓝皮书·高职

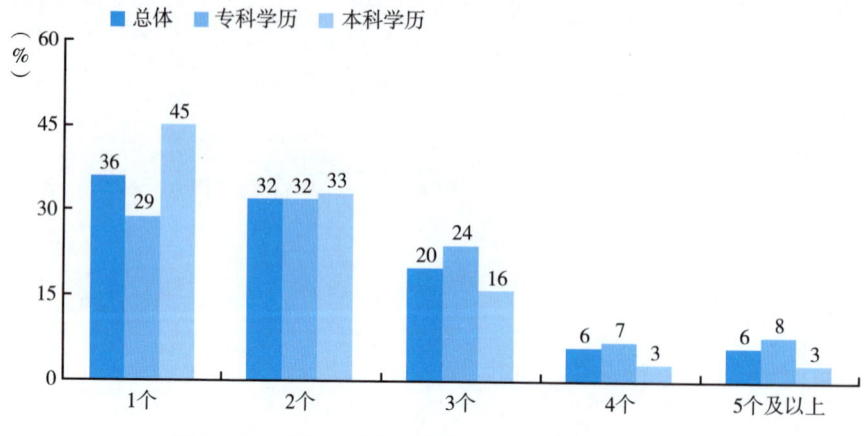

图 6-11　2021 届高职生毕业三年内的雇主数分布

数据（总体/专科学历/本科学历）：
- 1个：36 / 29 / 45
- 2个：32 / 32 / 33
- 3个：20 / 24 / 16
- 4个：6 / 7 / 3
- 5个及以上：6 / 8 / 3

资料来源：麦可思-中国 2021 届大学毕业生三年后职业发展跟踪评价。

各专业大类毕业生因所处就业领域、单位性质的不同，就业稳定性有所差异。具体来看，医药卫生大类、生物与化工大类、能源动力与材料大类应届毕业生的就业稳定性较强，离职率较低，2024 届均为 30%（见表 6-12）。毕业三年内，生物与化工大类、能源动力与材料大类毕业生的就业稳定性较强（见表 6-13），这与其就业单位的特点有关（国企占比较高），具有稳定编制。

相对而言，新闻传播大类、文化艺术大类毕业生流动性较强，这一特点可能与相关领域项目制、自由职业与非标准劳动形式普遍有关，从业者需频繁转换项目或岗位以积累经验和获得收入保障。

表 6-12　2022~2024 届高职各专业大类毕业生毕业半年内的离职率

单位：%

专业大类	2024 届	2023 届	2022 届
医药卫生大类	30	30	28
生物与化工大类	30	30	32
能源动力与材料大类	30	31	28
资源环境与安全大类	37	37	37
交通运输大类	38	38	36
装备制造大类	39	39	40

续表

专业大类	2024届	2023届	2022届
教育与体育大类	39	39	37
旅游大类	40	42	44
食品药品与粮食大类	41	41	41
土木建筑大类	42	41	40
农林牧渔大类	42	43	43
公共管理与服务大类	45	44	48
财经商贸大类	45	47	49
电子与信息大类	46	48	49
文化艺术大类	47	49	51
新闻传播大类	49	53	54
全国高职	40	41	41

注：个别专业大类因为样本较少，没有包括在内。

资料来源：麦可思－中国2022~2024届大学毕业生培养质量跟踪评价。

表6-13　2021届高职各专业大类毕业生毕业三年内的平均雇主数

单位：个

专业大类	专科学历	本科学历
生物与化工大类	2.0	1.7
能源动力与材料大类	2.0	1.6
医药卫生大类	2.0	1.9
食品药品与粮食大类	2.1	1.8
装备制造大类	2.2	1.8
交通运输大类	2.2	1.8
公共管理与服务大类	2.3	2.0
电子与信息大类	2.3	1.8
农林牧渔大类	2.3	1.8
资源环境与安全大类	2.3	1.8
教育与体育大类	2.4	2.0
财经商贸大类	2.4	1.9
旅游大类	2.4	2.0
土木建筑大类	2.4	1.9
文化艺术大类	2.6	2.1
全国高职	2.3	1.9

注：个别专业大类因为样本较少，没有包括在内。

资料来源：麦可思－中国2021届大学毕业生三年后职业发展跟踪评价。

（二）离职原因

毕业生离职的主要原因集中于对更高薪资福利的追求。具体来看，2024届高职毕业生最主要的离职原因是薪资福利偏低（46%），其后是工作要求高和压力大（32%）、个人发展空间不够（30%），2022~2024届毕业生因工作要求高、压力大而离职的比例持续上升（见图6-12）。这反映了职场环境与新生代就业观念的矛盾。这也提示在当前快速变化的市场竞争环境下，企业应通过弹性办公、扁平化项目制团队、数字化协作平台，以及持续学习与多元激励等机制提升组织的灵活性。

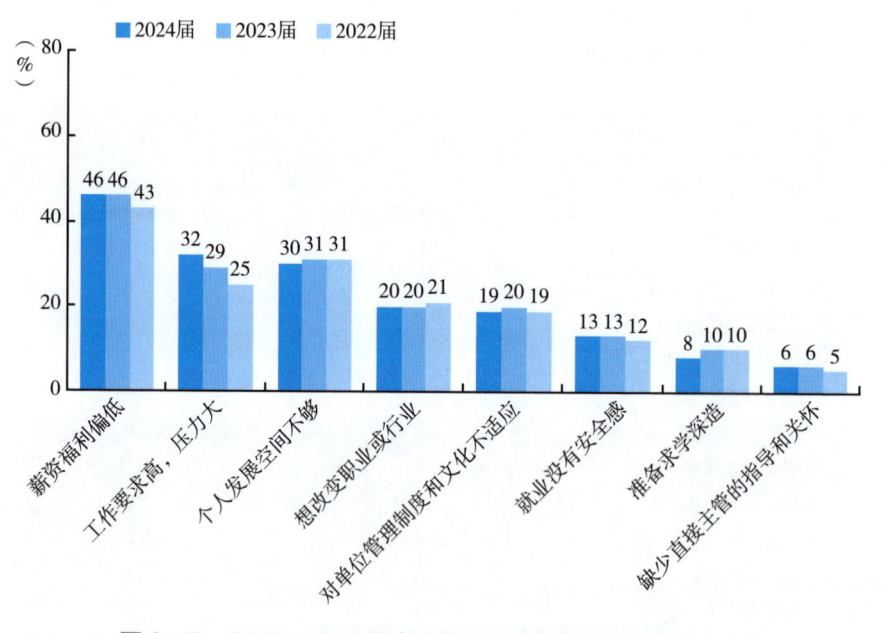

离职原因	2024届	2023届	2022届
薪资福利偏低	46	46	43
工作要求高，压力大	32	29	25
个人发展空间不够	30	31	31
想改变职业或行业	20	20	21
对单位管理制度和文化不适应	19	20	19
就业没有安全感	13	13	12
准备求学深造	8	10	10
缺少直接主管的指导和关怀	6	6	5

图6-12　2022~2024届高职毕业生主动离职的原因（多选）

资料来源：麦可思-中国2022~2024届大学毕业生培养质量跟踪评价。

B.7
2024年高职毕业生专升本分析

摘　要： 2024届高职毕业生专升本比例为20.7%，与2023届持平，较2020届提升5.4个百分点，已由高速扩张阶段过渡到平稳发展阶段。职业本科教育体系的不断完善，为技术技能人才构建了更为广阔的成长通道。教育与体育大类、财经商贸大类、电子与信息大类专业专升本比例居前，近两届均保持在23%以上，反映出相应领域学历门槛抬高与竞争加剧的趋势。毕业生因职业发展需要和规避就业压力而选择升本的比例逐年上升，折射出学历门槛抬高与周期性就业压力的双重影响。毕业三年后，升本带来的薪资溢价尚未充分显现，但其对就业满意度的积极作用已见成效，升本群体的就业满意度较未升本群体高出3个百分点。

关键词： 专升本　学历门槛　就业满意度　职业发展　高职生

一　读本科的比例

专升本： 指高职毕业生毕业后继续就读本科。有专升本、专插本、专接本、专转本多种形式，本报告中统一称为"专升本"。

2024届高职毕业生"专升本"比例维持在20.7%，较2020届（15.3%）提升5.4个百分点，表明升本规模在高速扩大后趋于平稳，既满足了毕业生学历提升需求，又在一定程度上缓解了就业压力。分院校类型看，"双高"院校升本比例持续较高，2024届达到22.4%，高于非"双高"院校的20.4%（见图7-1、图7-2）。近年来，多所高职院校依托国家职业教育改革政策升格为职业本科院校，并持续扩大专科起点招生，为"专升本"学生开辟了优质通道，拓宽了技术技能人才的成长路径。

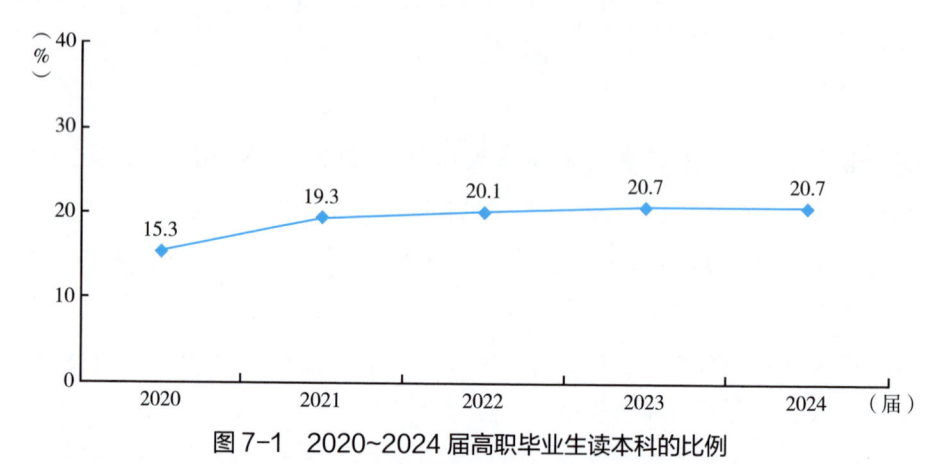

图 7-1　2020~2024 届高职毕业生读本科的比例

资料来源：麦可思－中国 2020~2024 届大学毕业生培养质量跟踪评价。

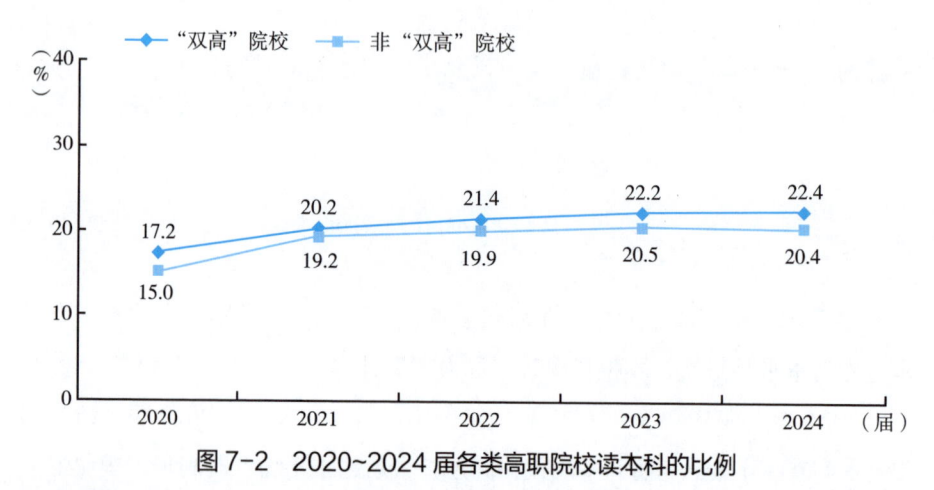

图 7-2　2020~2024 届各类高职院校读本科的比例

资料来源：麦可思－中国 2020~2024 届大学毕业生培养质量跟踪评价。

从各专业大类来看，2024 届教育与体育大类、财经商贸大类和电子与信息大类毕业生的专升本比例位列前三，均超过 23%（见表 7-1），既反映了相关就业领域对学历门槛的提升，也折射出相关行业内学历竞争加剧。

表 7-1　2022~2024 届高职各专业大类毕业生读本科的比例

单位：%

高职专业大类	2024 届	2023 届	2022 届
教育与体育大类	27.5	26.1	23.7
财经商贸大类	25.1	24.5	22.8
电子与信息大类	23.5	23.0	22.1
新闻传播大类	22.8	22.2	20.6
文化艺术大类	20.8	21.4	19.9
土木建筑大类	20.7	20.2	19.5
公共管理与服务大类	20.5	20.2	19.3
食品药品与粮食大类	20.2	20.6	20.0
资源环境与安全大类	19.9	19.7	18.6
旅游大类	19.0	19.9	19.5
医药卫生大类	17.6	18.2	18.8
生物与化工大类	17.2	17.5	18.1
能源动力与材料大类	16.4	16.8	15.5
装备制造大类	16.0	16.6	17.7
农林牧渔大类	15.8	15.2	15.7
交通运输大类	14.1	14.2	13.9
全国高职	20.7	20.7	20.1

注：个别专业大类因为样本较少，没有包括在内。
资料来源：麦可思－中国 2022~2024 届大学毕业生培养质量跟踪评价。

二　读本科的原因

2024 届高职毕业生专升本动因以"想去更好的大学"（30%）和"就业

前景好"（23%）为主；同时，"职业发展需要"（22%）和"规避就业困难"（9%）等诉求占比逐年上升（见图7-3），反映出在经济周期压力下，部分毕业生通过升学来缓解就业压力，也凸显劳动力市场对学历门槛上移的趋势。

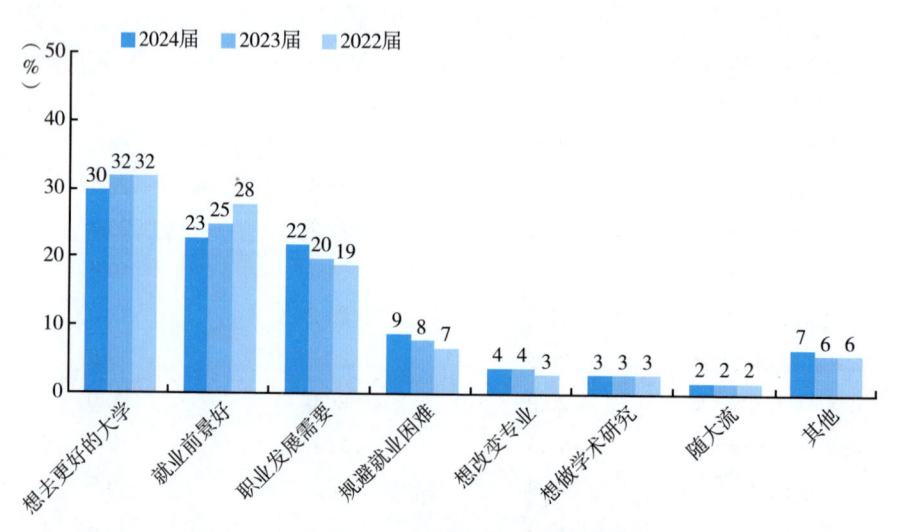

图7-3 2022~2024届高职毕业生读本科的原因

资料来源：麦可思-中国2022~2024届大学毕业生培养质量跟踪评价。

三 职业发展

2021届高职毕业生中，四成以上（44%）在毕业三年后有过本科教育经历，其中"双高"院校毕业生有过本科教育经历的比例（46%）略高于非"双高"院校（44%）（见图7-4）。

学历提升给毕业生带来的薪资增益在毕业三年内尚不明显。2021届高职毕业生在毕业三年后，将学历提升至本科的毕业生月收入（6763元）与未提升学历的毕业生（6843元）基本持平（见图7-5）。说明"专升本"带来的薪资溢价具有后发效应，需要更长的职业积累期才能体现。

2024年高职毕业生专升本分析

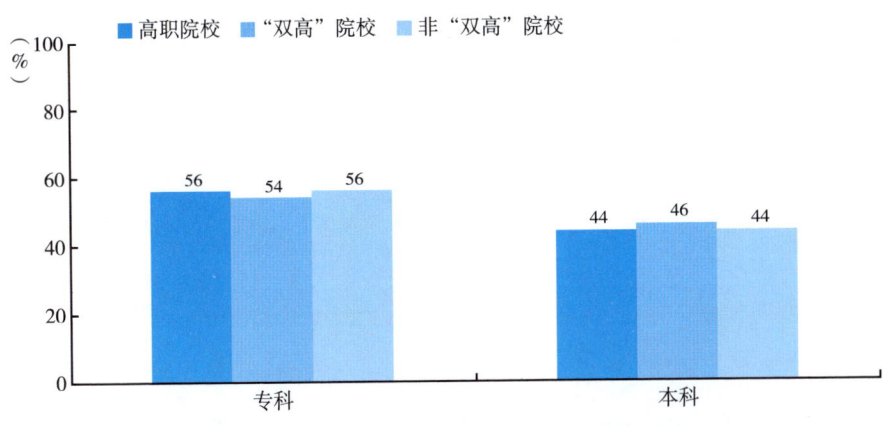

图 7-4　2021届高职生毕业三年后的学历分布

资料来源：麦可思-中国2021届大学毕业生三年后职业发展跟踪评价。

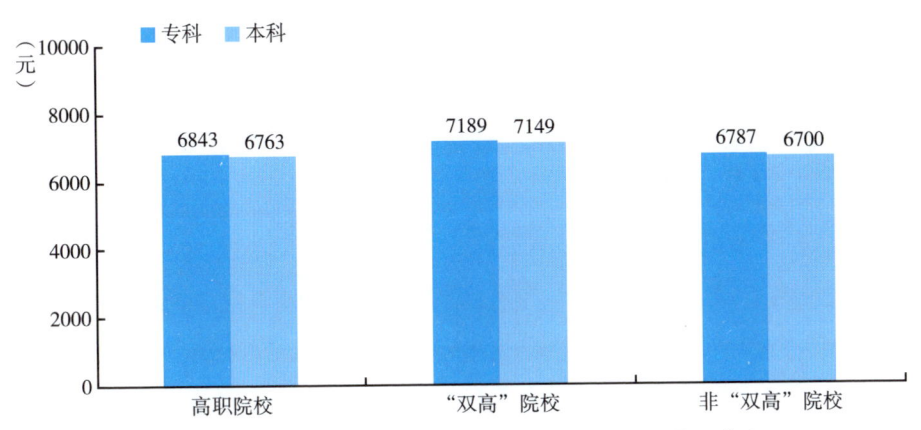

图 7-5　2021届高职不同学历毕业生毕业三年后的月收入

资料来源：麦可思-中国2021届大学毕业生三年后职业发展跟踪评价。

学历提升对毕业生职场幸福感有显著影响。从毕业三年后的就业满意度来看，升本毕业生的就业满意度（78%）高于未提升学历的毕业生（75%）；其中"双高"院校前者比后者高2个百分点，非"双高"院校前者比后者高4个百分点（见图7-6）。这表明"专升本"不仅有助于提升毕业生的职业发展通道，也显著增强其职场幸福感。

111

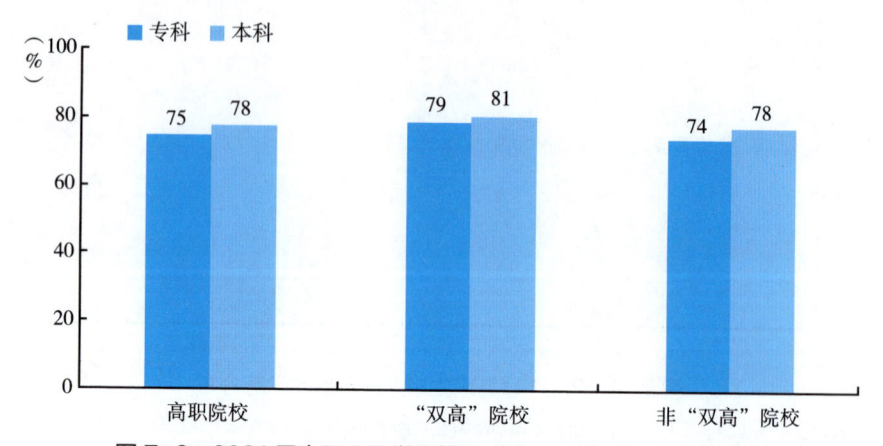

图 7-6　2021 届高职不同学历毕业生毕业三年后的就业满意度

资料来源：麦可思-中国 2021 届大学毕业生三年后职业发展跟踪评价。

B.8
2024年高职毕业生灵活就业分析

摘　要： 高职毕业生灵活就业规模扩大，选择更多元化。2024届高职毕业生灵活就业比例为9.6%，高于上届的9.2%，覆盖受雇半职工作、自由职业和自主创业多种形式。2024届自主创业者平均月收入达4977元，就业满意度高达87%，展现出较强的自我价值实现能力。行业分布方面，数字经济推动下的文体娱乐（短视频、直播、电竞、数字内容创作）和新零售因市场门槛低、转化渠道多，成为灵活就业新增长点。随着职场经验积累，2021届高职生毕业三年后创业比例升至5.7%，其中72%的项目实现了盈利，90%的创业者已吸纳员工，实现创业带动就业。但与此同时，灵活就业群体仍面临技能提升、社会保障和资金支持不足等挑战，建议政府完善灵活就业保障体系，职业院校强化新业态技能培训。

关键词： 灵活就业　新业态　创业带动就业　保障体系　高职生

一　灵活就业比例

2024届高职毕业生中，有9.6%在毕业半年后选择灵活就业，高于2023届的9.2%。灵活就业包括受雇半职工作（2.0%）、自由职业（3.7%）和自主创业（3.9%），这些就业方式为毕业生提供了更多的工作选择和职业发展路径。从不同院校类型来看，非"双高"院校毕业生选择灵活就业的比例（9.9%）相对更高（见图8-1）。

这一趋势既反映了就业市场机会多元，也体现了毕业生择业观念向自由和自主倾斜。建议政府持续完善灵活就业保障政策，职业院校加强对新就业形态的职业指导，以提升毕业生在多样化就业环境中的适应力和发展力。

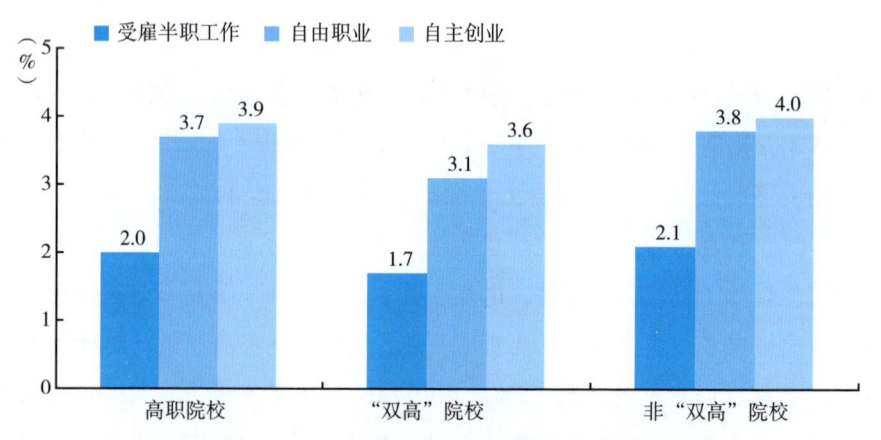

图 8-1 2024 届高职毕业生各类灵活就业的比例

	受雇半职工作	自由职业	自主创业
高职院校	2.0	3.7	3.9
"双高"院校	1.7	3.1	3.6
非"双高"院校	2.1	3.8	4.0

资料来源：麦可思－中国 2024 届大学毕业生培养质量跟踪评价。

教育领域对 2024 届灵活就业毕业生的吸纳程度相比往年有所下降，毕业生灵活就业的选择更加多元化。数据显示，受雇半职工作的高职毕业生中有 13.5% 服务于教育领域，自由职业者中服务于教育领域的占 6.5%，自主创业者中服务于教育领域的占 7.0%（见图 8-2、图 8-3、图 8-4），与 2023 届（分别为 14.6%、6.9%、7.5%）相比有所下降，这一变化背后既有政策调控（如"双减"政策）的影响，也有新兴领域的分流。

与此同时，数字经济和文化创意等新兴领域快速发展，文体娱乐产业成为自由职业毕业生的首选。短视频、直播、电竞、数字内容创作等新型文化业态的涌现大幅降低了行业准入门槛，为灵活就业毕业生提供了更多选择。此外，零售业也因新零售模式吸引了大量受雇半职工作或自主创业毕业生。

需关注的是，灵活就业群体普遍面临社保缺失、收入波动大等挑战。建议政府完善灵活就业保障政策，职业院校加强对新业态的指导培训。

2024年高职毕业生灵活就业分析

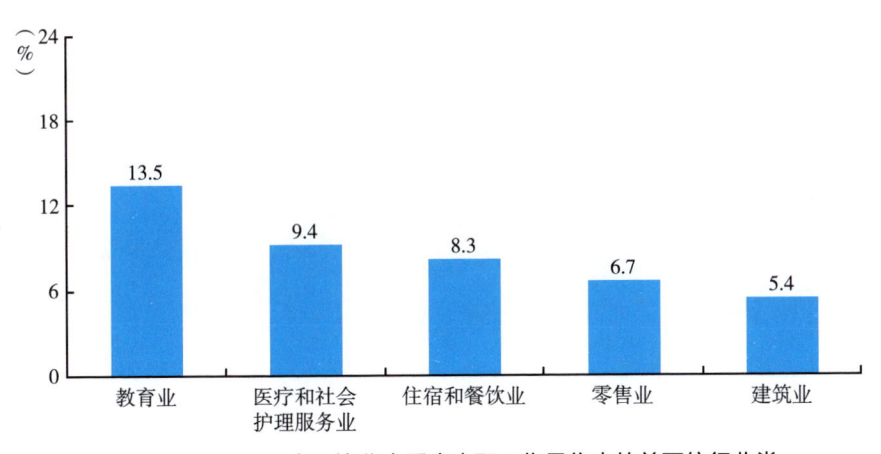

图8-2　2024届高职毕业生受雇半职工作最集中的前五位行业类

行业	百分比(%)
教育业	13.5
医疗和社会护理服务业	9.4
住宿和餐饮业	8.3
零售业	6.7
建筑业	5.4

资料来源：麦可思－中国2024届大学毕业生培养质量跟踪评价。

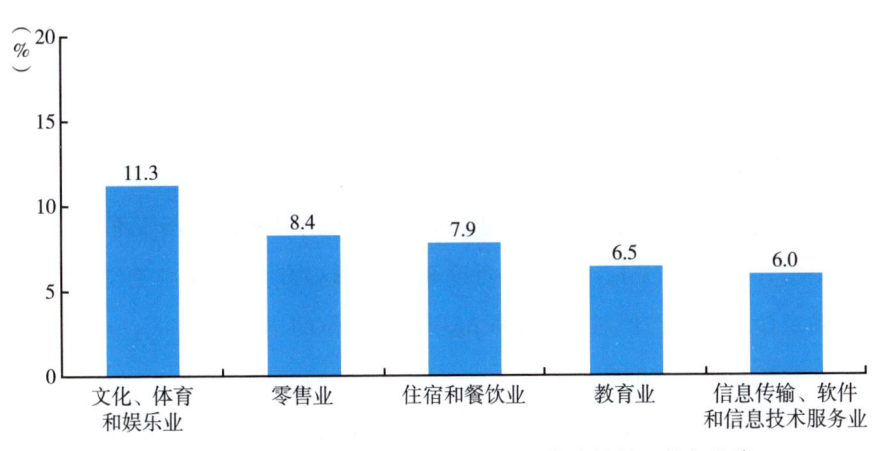

图8-3　2024届高职毕业生自由职业最集中的前五位行业类

行业	百分比(%)
文化、体育和娱乐业	11.3
零售业	8.4
住宿和餐饮业	7.9
教育业	6.5
信息传输、软件和信息技术服务业	6.0

资料来源：麦可思－中国2024届大学毕业生培养质量跟踪评价。

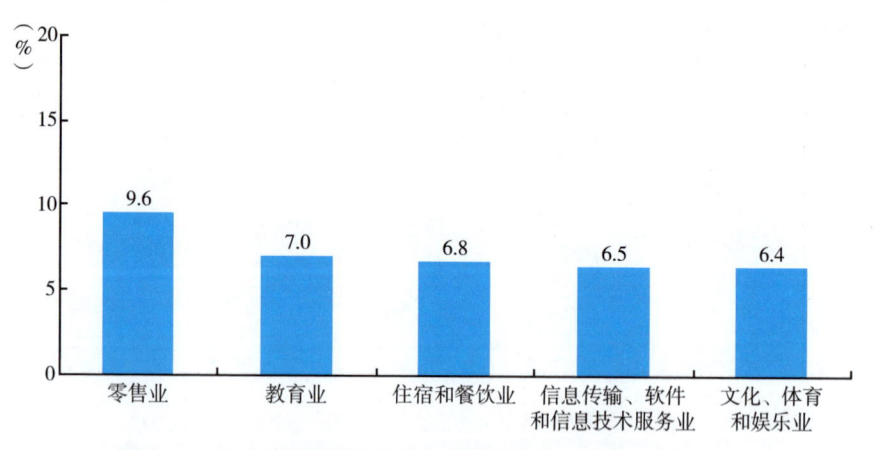

图 8-4 2024 届高职毕业生自主创业最集中的前五位行业类

行业	比例(%)
零售业	9.6
教育业	7.0
住宿和餐饮业	6.8
信息传输、软件和信息技术服务业	6.5
文化、体育和娱乐业	6.4

资料来源：麦可思－中国 2024 届大学毕业生培养质量跟踪评价。

二　灵活就业质量

灵活就业毕业生的就业质量呈现不同的特点。自主创业群体月收入水平较高，且从业幸福感较强。2024 届选择自主创业的高职毕业生平均月收入为 4977 元，就业满意度为 87%（见图 8-5、图 8-6），均明显高于高职毕业生平均水平（月收入 4775 元，就业满意度 82%）。这表明，虽然自主创业面临更大不确定性和风险，但对于追求挑战和自我价值的毕业生而言，这有可能带来更高的收入和更大的职业成就。

相比之下，自由职业和受雇半职工作群体的月收入、就业满意度相对较低。这可能与相关工作形式的稳定性较弱、缺乏充分的社会保障和福利待遇有关。灵活就业虽然提供了较高的工作自由度，但在制度保障和政策支持方面仍有待进一步完善。

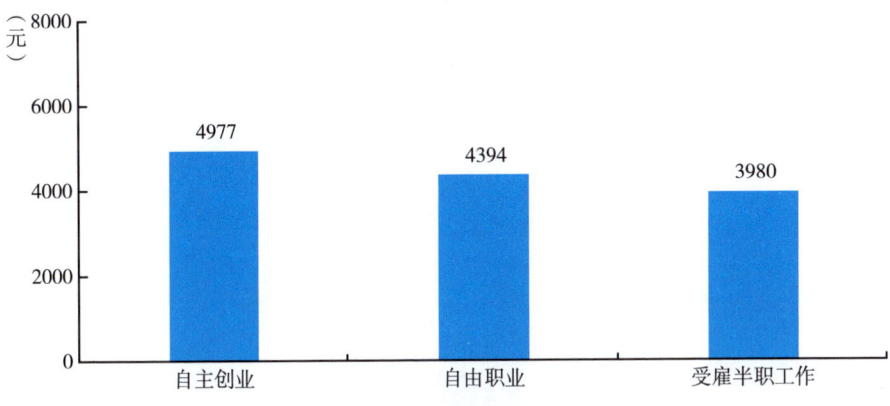

图 8-5　2024 届高职各类灵活就业毕业生的月收入

资料来源：麦可思－中国 2024 届大学毕业生培养质量跟踪评价。

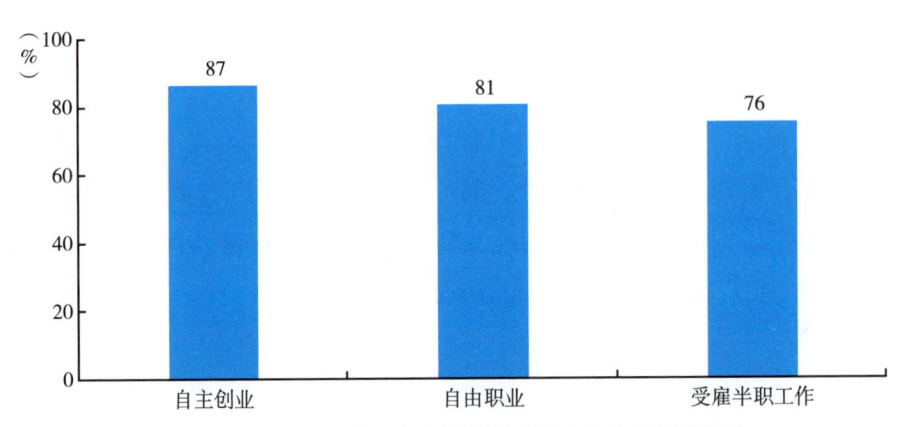

图 8-6　2024 届高职各类灵活就业毕业生的就业满意度

资料来源：麦可思－中国 2024 届大学毕业生培养质量跟踪评价。

三　自主创业人群职业发展

毕业生自主创业的比例随着毕业时间的延长而持续上升，这表明毕业生在职场中随着经验和资源的积累，创业意愿和能力均有所增强。2021 届高职生在毕业半年后自主创业的比例为 3.1%，到毕业三年后上升至 5.7%（见图 8-7）。

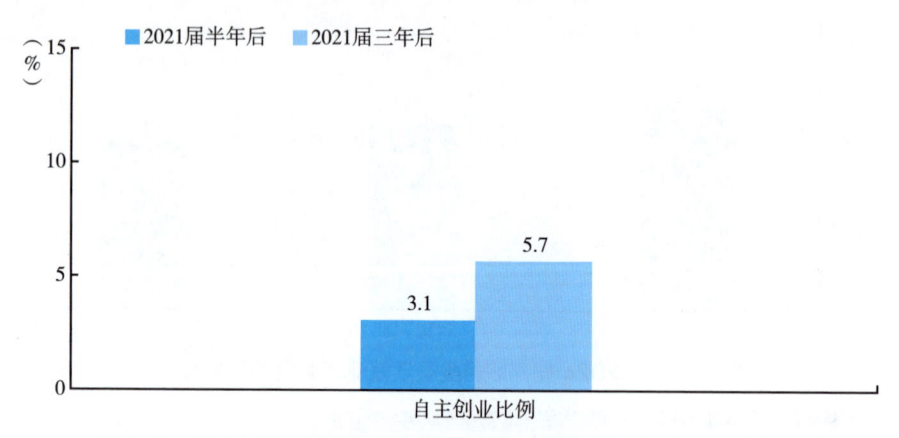

图 8-7 2021届高职生毕业三年后自主创业的比例（与半年后对比）

资料来源：麦可思－中国2021届大学毕业生三年后职业发展跟踪评价，2021届大学毕业生培养质量跟踪评价。

数据显示，毕业三年后自主创业的高职毕业生中，九成（2021届90%）拥有雇员，且以小微型团队为主，56%的项目配备1~10名员工，23%拥有11~50名员工（见图8-8），说明绝大多数创业者不仅实现了个人就业，也稳步创造了一定规模的岗位，为就业增添了新活力。

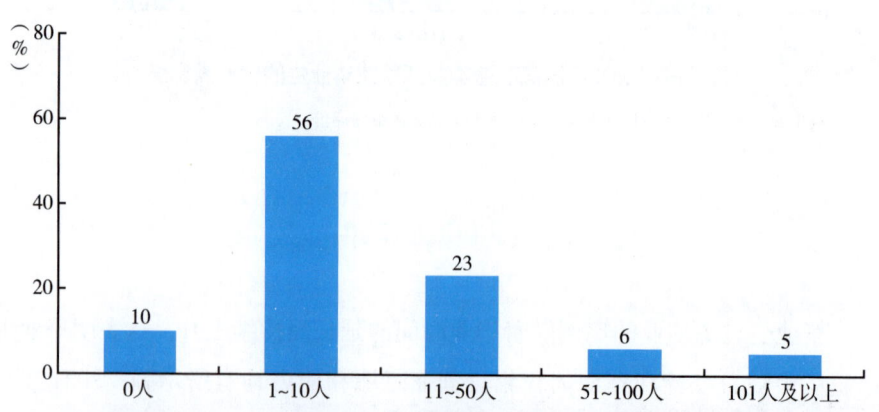

图 8-8 2021届高职生毕业三年后自主创业项目的雇员数分布

资料来源：麦可思－中国2021届大学毕业生三年后职业发展跟踪评价。

从创业项目的盈利情况来看，2021届毕业三年后自主创业的毕业生中，七成以上（72%）表示自己的创业项目已开始盈利，其中21%已实现大规模盈利，51%略有盈余（见图8-9）。

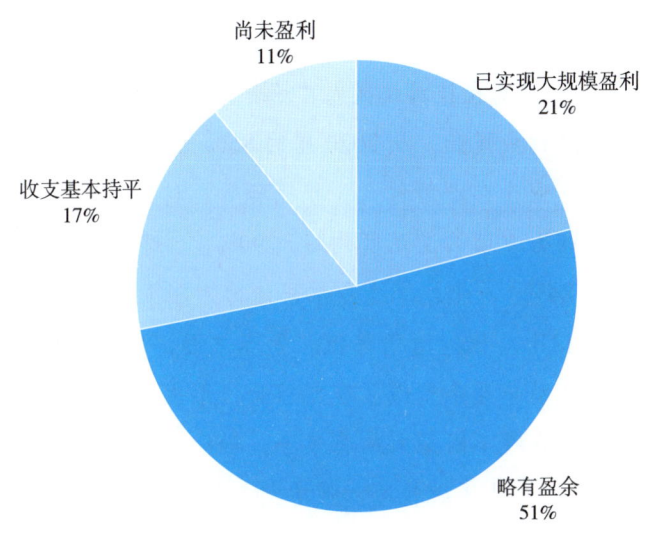

图8-9　2021届高职生毕业三年后自主创业项目的盈利情况

资料来源：麦可思－中国2021届大学毕业生三年后职业发展跟踪评价。

B.9
2024年高职毕业生能力分析

摘　要： 高等职业教育在技术技能人才培养方面成效良好，高职毕业生基本工作能力满足度稳步提升，从2020届的86%上升至2024届的91%；各项关键能力中，毕业生在理解他人、积极聆听、科学分析、逻辑思维、解决复杂的问题等能力方面的满足度均超过90%，而电脑编程能力有待进一步提升（满足度84%）。此外，终身学习能力对毕业生的职业发展至关重要，其满足程度相比其他能力仍偏低。素养方面，职业院校"立德树人"取得显著成效，帮助毕业生塑造了理想信念，形成了守法诚信意识；在产业数字化、智能化升级不断深入的背景下，毕业生在数字素养与工匠精神方面的提升仍显不足。职业院校可加强学生数字工匠、自主学习培养。

关键词： 终身学习　数字素养　工匠精神　高职生

一　工作能力评价

（一）背景介绍

工作能力：从事某项职业工作必须具备的能力，分为职业能力和基本工作能力。职业能力是从事某一职业特别需要的能力，基本工作能力是所有工作都必须具备的能力，麦可思参考美国SCANS标准，把基本工作能力分为35项。根据麦可思的工作能力分类，中国大学生可以从事的职业有近600个，对应的能力近万条。

五大类基本工作能力：麦可思参考美国SCANS标准，将35项基本工作能力划归为五大类型，分别是理解与交流能力、科学思维能力、管理能力、应用分析能力和动手能力（见表9-1）。

表 9-1　基本工作能力定义

序号	五大类能力	基本工作能力	描述
1	理解与交流能力	理解性阅读	理解工作文件的句子和段落
2	理解与交流能力	积极聆听	理解对方讲话的要点，适当地提出问题
3	理解与交流能力	有效的口头沟通	交谈中有效地传递信息
4	理解与交流能力	积极学习	理解信息中的启示，用于解决问题，帮助作出决定
5	理解与交流能力	学习方法	在训练和指导工作时选择方法与程序
6	理解与交流能力	理解他人	关注并理解他人的反应
7	理解与交流能力	服务他人	积极地寻找方法来帮助他人
8	科学思维能力	针对性写作	根据读者需求有效地传递信息
9	科学思维能力	数学解法	用数学方法来解决问题
10	科学思维能力	科学分析	用科学的原理和方法来解决问题
11	科学思维能力	逻辑思维	运用逻辑推理来判定解决问题的建议、结论和方法的优缺点
12	管理能力	绩效监督	监督和评估自己、他人或组织的绩效以采取改进行动
13	管理能力	协调安排	根据他人的需要调整工作安排
14	管理能力	说服他人	说服他人改变想法或者行为
15	管理能力	谈判技能	与他人沟通并且达成一致
16	管理能力	指导他人	指导他人怎样去做一件事
17	管理能力	解决复杂的问题	识别复杂问题并查阅信息以发现和评估解决方案
18	管理能力	判断和决策	考虑各方案的成本和收益，决定最合适的方案
19	管理能力	时间管理	管理自己和他人的时间
20	管理能力	财务管理	决定怎样花钱以完成工作，并为这些开支记账核算
21	管理能力	物资管理	如何按照工作的特定需要获得设备、厂房和材料，以及监督其合理使用
22	管理能力	人力资源管理	在工作中激发、指导人们的工作，寻找适合各项工作的人

续表

序号	五大类能力	基本工作能力	描述
23	应用分析能力	设计思维	分析需求和生产的可能性以开发出新产品
24	应用分析能力	技术设计	按要求设计和修改设备与技术
25	应用分析能力	设备选择	决定使用哪一种工具和设备来做一项工作
26	应用分析能力	质量控制分析	对产品、服务或工作程序进行测试和检查以评价其质量和绩效
27	应用分析能力	操作监控	监视仪表、控制器和其他指示器以保证机器正常运行
28	应用分析能力	操作和控制	控制设备和系统的运行
29	应用分析能力	设备维护	对设备进行日常维护并决定什么时候进行何种维护
30	应用分析能力	疑难排解	判断出操作错误的产生原因并决定纠错对策
31	应用分析能力	系统分析	判定变化对一个系统运行结果的影响
32	应用分析能力	系统评估	识别系统绩效的评估方法或指标，根据系统目标制订行动计划来改进系统表现
33	动手能力	安装能力	按照特定要求来安装设备、机器、管线或程序
34	动手能力	电脑编程	为各种目的编写电脑程序
35	动手能力	维修机器和系统	使用必要的工具来修理机器和系统

基本工作能力的重要度：用于定义正在工作的大学毕业生所理解的35项基本工作能力在其岗位工作中的重要程度，评价结果包括"不重要""有些重要""重要""非常重要"和"极其重要"。

工作岗位要求的基本工作能力水平：用于定义正在工作的大学毕业生所理解的工作对35项基本工作能力的要求级别，从低到高分为一级到七级。一级代表该能力的最低水平，取值1/7；七级代表该能力的最高水平，取值1。

毕业时掌握的基本工作能力水平：用于定义正在工作的大学毕业生所理解的对35项基本工作能力在刚毕业时实际掌握的级别，从低到高分为一级到七级。一级代表该能力的最低水平，取值1/7；七级代表该能力的最高水平，取值1。

基本工作能力的满足度：毕业时掌握的基本工作能力水平满足社会初始岗位的工作要求水平的百分比，100%为完全满足。

（二）基本工作能力重要度和满足度

近五年，全国高职毕业生毕业时掌握的基本工作能力水平稳步提升，从2020届的56%增长至2024届的61%；分院校类型看，近两届"双高"院校毕业生能力掌握水平略高于非"双高"院校（见图9-1、图9-2）。反映了高等职业院校在提升毕业生职业胜任力方面成效明显，但仍需继续深化产教融合，进一步强化新技术、新工艺的实践教学，以满足用人单位对技术技能人才的更高要求。

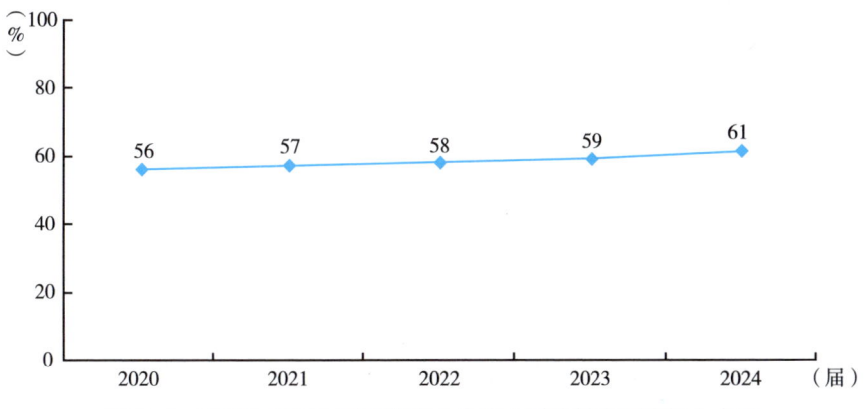

图9-1　2020~2024届高职毕业生毕业时的基本工作能力水平

资料来源：麦可思-中国2020~2024届大学毕业生培养质量跟踪评价。

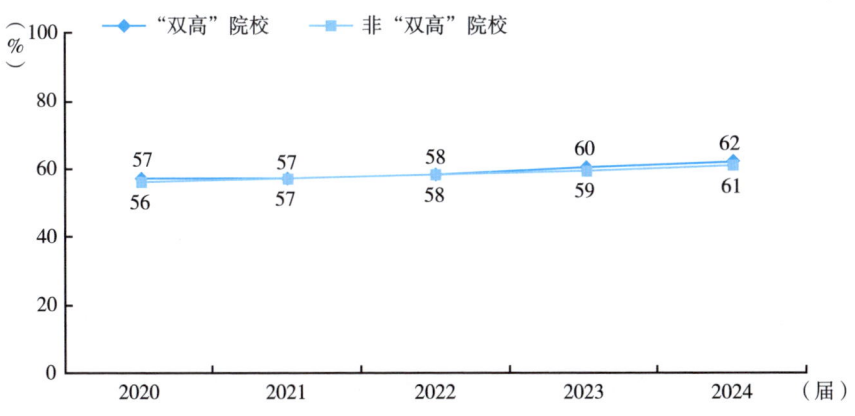

图9-2　2020~2024届各类高职院校毕业生毕业时掌握的基本工作能力水平

资料来源：麦可思-中国2020~2024届大学毕业生培养质量跟踪评价。

应届高职毕业生能力达成效果持续提升，近五年，高职毕业生的基本工作能力满足度从2020届的86%提升至2024届的91%（见图9-3）。反映了毕业生在知识和技能方面有提升，较好地适应了初始岗位要求。分院校类型来看，"双高"院校和非"双高"院校2024届毕业生的基本工作能力满足度均达到91%（见图9-4）。

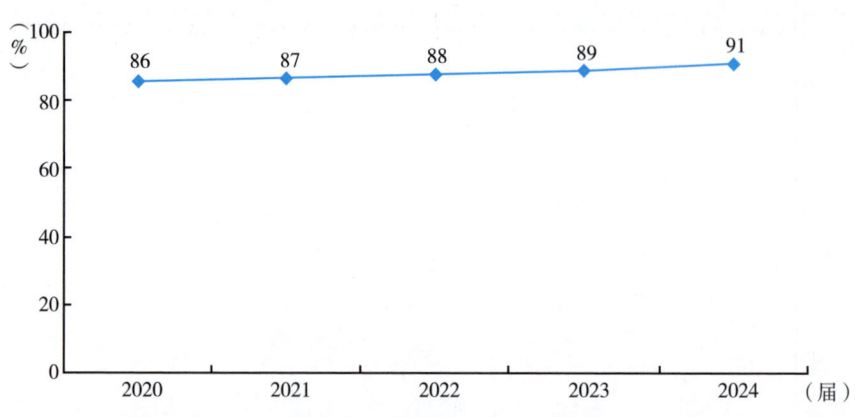

图9-3　2020~2024届高职毕业生的基本工作能力满足度

资料来源：麦可思－中国2020~2024届大学毕业生培养质量跟踪评价。

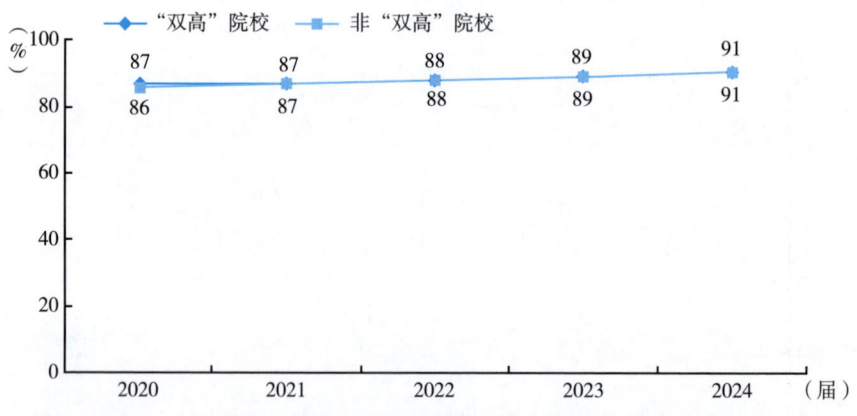

图9-4　2020~2024届各类高职院校毕业生基本工作能力满足度

资料来源：麦可思－中国2020~2024届大学毕业生培养质量跟踪评价。

从毕业生各类基本工作能力评价来看，2024届高职毕业生认为理解交流能力中的理解他人、积极聆听、学习方法，科学思维能力中的科学分析、逻辑思维，管理能力中的解决复杂的问题，应用分析能力中的设计思维，动手能力中的电脑编程重要度均较高。其中，电脑编程能力的满足度仍相对偏低（见图9-5）。随着数字经济的加速演进和产业数字化程度的不断提升，具备编程等核心数字技能的人才愈加成为支撑各行业的基础力量。因此，职业院校应进一步强化数字技能培养，特别是将编程与系统分析等模块融入实践教学，以更好地满足用人单位对数字素养的迫切需求。

通用能力：毕业生中长期职场发展高度依赖可迁移能力，具体可划分为以下四个维度：

  认知技能：包含创新能力、解决复杂问题能力。

  自我管理：包含终身学习能力、适应能力、职业规划能力。

  沟通协作：包含团队合作能力、沟通能力。

  资源管理：包含资源整合能力、领导能力。

能力需求水平：用于定义毕业三年后毕业生所从事的工作对各项能力的需求级别，从低到高分为一级到七级，一级代表该能力的最低水平，取值1/7，七级代表该能力的最高水平，取值1。

能力掌握水平：用于定义毕业三年后毕业生对各项能力的实际掌握级别，从低到高分为一级到七级。取值同能力需求水平。

能力满足度：毕业三年后能力掌握水平满足工作需求的百分比，100%为完全满足。

进入职场三年后，高职毕业生在各项可迁移能力上能够有效支撑岗位需求，2021届高职毕业生能力满足度整体在92%或以上，其中在自我管理维度中，终身学习能力在工作中的需求度（64%）最高，但其满足度（92%）相对偏低（见图9-6），表明毕业生在快速迭代的信息技术环境和知识更新节奏下，在持续学习和自主提升方面仍面临挑战。

能力类别	能力项	满足度	重要度
理解交流能力	理解他人	92	58
	积极聆听	92	58
	学习方法	92	58
	有效的口头沟通	91	57
	积极学习	91	57
	服务他人	92	56
	理解性阅读	92	55
科学思维能力	科学分析	91	58
	逻辑思维	92	58
	针对性写作	91	53
	数学解法	93	52
管理能力	解决复杂的问题	92	58
	时间管理	92	57
	谈判技能	90	57
	判断和决策	91	57
	财务管理	92	57
	协调安排	92	57
	说服他人	90	56
	人力资源管理	89	55
	指导他人	92	54
	绩效监督	93	54
	物资管理	91	51
应用分析能力	设计思维	91	60
	系统分析	88	59
	疑难排解	90	59
	技术设计	91	59
	操作和控制	90	58
	操作监控	90	57
	质量控制分析	90	57
	设备维护	89	57
	设备选择	91	55
	系统评估	93	55
动手能力	电脑编程	84	59
	安装能力	89	58
	维修机器和系统	90	56

图 9-5 2024 届高职毕业生的各项基本工作能力的重要度和满足度

资料来源：麦可思-中国 2024 届大学毕业生培养质量跟踪评价。

2024年高职毕业生能力分析

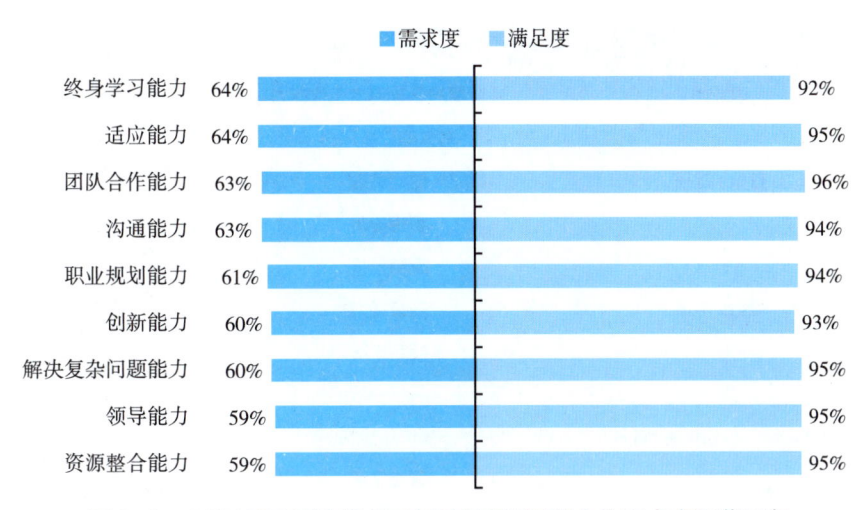

■ 需求度　■ 满足度

能力	需求度	满足度
终身学习能力	64%	92%
适应能力	64%	95%
团队合作能力	63%	96%
沟通能力	63%	94%
职业规划能力	61%	94%
创新能力	60%	93%
解决复杂问题能力	60%	95%
领导能力	59%	95%
资源整合能力	59%	95%

图9-6　2021届高职生毕业三年后各项通用能力的需求度和满足度

资料来源：麦可思-中国2021届大学毕业生三年后职业发展跟踪评价。

建议职业院校在校期间加强培养学生的学习主动性，通过项目式学习、翻转课堂、案例研讨和顶岗实习等教学实践方式，更好地激发学生的自主学习意识，帮助其在校期间养成持续更新技能的习惯。

（三）主要职业、专业最重要的前3项基本工作能力的满足度

不同职业与专业领域对毕业生核心能力的侧重点各异（见表9-2、表9-3）。例如，餐饮、艺术类岗位更看重时间管理与沟通表达，制造与能源类岗位则侧重系统分析、故障排解。建议职业院校依据行业需求，精准融入实操训练和项目驱动课程，强化"能力本位"教学，提升毕业生的岗位胜任力。

表9-2　2024届高职主要职业类最重要的前3项基本工作能力满足度

单位：%

职业类	最重要的3项基本工作能力	能力满足度
表演艺术/影视	时间管理	91
	有效的口头沟通	91
	积极学习	91
财务/审计/税务/统计	理解他人	93
	有效的口头沟通	92
	学习方法	92

127

续表

职业类	最重要的3项基本工作能力	能力满足度
餐饮/娱乐	有效的口头沟通	92
	时间管理	92
	积极聆听	93
电力/能源	系统分析	88
	安装能力	87
	疑难排解	87
电气/电子（不包括计算机）	科学分析	91
	操作和控制	91
	疑难排解	90
房地产经营	说服他人	87
	有效的口头沟通	89
	谈判技能	90
服装/纺织/皮革	积极聆听	92
	谈判技能	91
	积极学习	91
工业安全与质量	时间管理	93
	有效的口头沟通	91
	学习方法	93
公安/检察/法院/经济执法	理解他人	91
	积极聆听	91
	逻辑思维	91
航空机械/电子	积极学习	91
	疑难排解	90
	科学分析	91
互联网开发及应用	时间管理	91
	理解他人	92
	疑难排解	91
环境保护	有效的口头沟通	90
	科学分析	90
	积极学习	91

续表

职业类	最重要的3项基本工作能力	能力满足度
机动车机械/电子	质量控制分析	91
	理解他人	94
	疑难排解	92
机械/仪器仪表	学习方法	90
	技术设计	88
	疑难排解	89
计算机与数据处理	学习方法	92
	疑难排解	90
	有效的口头沟通	92
建筑工程	协调安排	90
	学习方法	90
	疑难排解	89
交通运输/邮电	疑难排解	92
	理解他人	93
	有效的口头沟通	92
金融（银行/基金/证券/期货/理财）	时间管理	90
	谈判技能	89
	说服他人	88
经营管理	理解他人	90
	判断和决策	89
	谈判技能	90
酒店/旅游/会展	时间管理	92
	谈判技能	93
	理解他人	93
矿山/石油	解决复杂的问题	94
	技术设计	94
	有效的口头沟通	90
媒体/出版	有效的口头沟通	91
	技术设计	91
	积极学习	91

129

续表

职业类	最重要的3项基本工作能力	能力满足度
美容/健身	服务他人	91
	理解他人	93
	有效的口头沟通	92
美术/设计/创意	学习方法	92
	技术设计	88
	理解他人	91
农/林/牧/渔类	理解他人	90
	有效的口头沟通	90
	积极聆听	92
人力资源	积极聆听	92
	判断和决策	92
	积极学习	92
社区工作者	服务他人	91
	理解他人	91
	协调安排	93
生产/运营	疑难排解	88
	有效的口头沟通	91
	服务他人	91
生物/化工	积极学习	90
	操作监控	88
	疑难排解	89
文化/体育	积极聆听	93
	理解他人	92
	时间管理	92
物流/采购	时间管理	93
	积极聆听	93
	服务他人	93
销售	积极聆听	92
	判断和决策	90
	积极学习	90

续表

职业类	最重要的3项基本工作能力	能力满足度
行政/后勤	积极聆听	92
	理解他人	93
	协调安排	92
医疗保健/紧急救助	疑难排解	90
	理解他人	93
	有效的口头沟通	92
幼儿与学前教育	学习方法	92
	服务他人	92
	理解他人	92
职业培训/其他教育	理解他人	91
	积极学习	90
	指导他人	91
中小学教育	学习方法	90
	理解他人	92
	指导他人	91

注：个别职业类因为样本较少，没有包括在内。
资料来源：麦可思－中国2024届大学毕业生培养质量跟踪评价。

表9-3　2024届高职主要专业类最重要的前3项基本工作能力满足度

单位：%

专业类	最重要的3项基本工作能力	能力满足度
农业类	理解他人	92
	有效的口头沟通	91
	协调安排	91
林业类	学习方法	91
	有效的口头沟通	89
	积极聆听	92

续表

专业类	最重要的3项基本工作能力	能力满足度
畜牧业类	积极聆听	91
	理解他人	92
	有效的口头沟通	91
测绘地理信息类	疑难排解	92
	学习方法	93
	积极聆听	92
环境保护类	积极聆听	92
	有效的口头沟通	92
	积极学习	90
电力技术类	系统分析	88
	设备维护	87
	操作和控制	89
建筑设计类	技术设计	88
	时间管理	92
	谈判技能	88
土建施工类	协调安排	92
	学习方法	92
	有效的口头沟通	91
建筑设备类	疑难排解	90
	积极学习	90
	有效的口头沟通	92
建设工程管理类	谈判技能	90
	时间管理	91
	疑难排解	90
市政工程类	协调安排	94
	学习方法	92
	有效的口头沟通	91
房地产类	积极聆听	89
	有效的口头沟通	91
	服务他人	92

续表

专业类	最重要的3项基本工作能力	能力满足度
机械设计制造类	有效的口头沟通	90
	设备维护	87
	疑难排解	89
机电设备类	疑难排解	90
	学习方法	93
	设备维护	91
自动化类	科学分析	91
	疑难排解	89
	技术设计	91
航空装备类	操作监控	91
	疑难排解	88
	积极学习	90
汽车制造类	疑难排解	90
	质量控制分析	91
	学习方法	93
化工技术类	操作监控	86
	疑难排解	89
	积极学习	90
食品类	理解他人	93
	服务他人	93
	学习方法	91
药品与医疗器械类	谈判技能	92
	服务他人	92
	疑难排解	90
铁道运输类	积极学习	92
	疑难排解	92
	有效的口头沟通	92
道路运输类	学习方法	91
	协调安排	92
	有效的口头沟通	92

133

续表

专业类	最重要的3项基本工作能力	能力满足度
水上运输类	疑难排解	92
	学习方法	91
	有效的口头沟通	92
航空运输类	时间管理	93
	积极聆听	93
	有效的口头沟通	92
城市轨道交通类	疑难排解	92
	协调安排	92
	操作和控制	90
电子信息类	科学分析	89
	疑难排解	91
	操作和控制	89
计算机类	技术设计	89
	疑难排解	89
	学习方法	92
通信类	疑难排解	91
	有效的口头沟通	92
	学习方法	92
金融类	服务他人	92
	理解他人	92
	积极学习	92
财务会计类	理解他人	93
	有效的口头沟通	91
	财务管理	93
经济贸易类	积极聆听	92
	谈判技能	90
	理解他人	92
工商管理类	判断和决策	91
	积极聆听	92
	说服他人	91

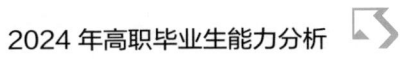

续表

专业类	最重要的3项基本工作能力	能力满足度
电子商务类	积极聆听	92
	时间管理	92
	判断和决策	91
物流类	协调安排	92
	理解他人	93
	积极聆听	92
旅游类	积极聆听	93
	理解他人	93
	时间管理	94
餐饮类	时间管理	91
	积极聆听	93
	理解他人	91
艺术设计类	设计思维	91
	技术设计	90
	谈判技能	90
表演艺术类	指导他人	92
	积极学习	91
	有效的口头沟通	91
广播影视类	理解他人	90
	有效的口头沟通	91
	时间管理	91
教育类	学习方法	92
	理解他人	92
	指导他人	92
语言类	指导他人	92
	服务他人	92
	理解他人	92
体育类	时间管理	92
	积极聆听	92
	理解他人	92

续表

专业类	最重要的 3 项基本工作能力	能力满足度
公共事业类	理解他人	92
	有效的口头沟通	88
	积极学习	92
公共管理类	判断和决策	92
	人力资源管理	91
	积极聆听	90
公共服务类	学习方法	92
	理解他人	92
	服务他人	93

注：个别专业类因为样本较少，没有包括在内。
资料来源：麦可思-中国 2024 届大学毕业生培养质量跟踪评价。

二 在校素养提升

素养提升：由毕业生选择大学帮助自己在哪些方面素养得到明显提升。一个毕业生可选择多项，也可选择"没有任何帮助"。不同专业大类在素养培养上有各自的特点，故素养选项有所不同。

职业院校"立德树人"成效显著。2024 届高职各专业大类毕业生认为学校帮助自己获得素养提升的比例均达到或超过 95%。尤其在"理想信念""遵纪守法"和"诚实守信"等方面提升效果较为突出。

但在"数字素养"和"工匠精神"方面的提升比例普遍不足。建议职业院校进一步融入数字技能训练与匠心实践环节，构建全面、多维的素养提升体系。

不同专业大类在素养培养上所表现的特点存在差异，具体见表 9-4~9-7。

表 9-4　2024 届高职主要专业大类毕业生在校期间的素养提升（多选）（一）

单位：%

农林牧渔大类	提升比例	资源环境与安全大类	提升比例	能源动力与材料大类	提升比例	土木建筑大类	提升比例
理想信念	83	理想信念	83	理想信念	84	理想信念	82
遵纪守法	78	遵纪守法	78	遵纪守法	80	遵纪守法	77
诚实守信	76	诚实守信	77	诚实守信	78	诚实守信	76
身心健康	75	身心健康	76	身心健康	77	身心健康	74
"三农"情怀	73	科学精神	68	社会责任	70	科学精神	66
社会责任	69	社会责任	66	科学精神	69	社会责任	65
劳动意识	68	创新精神	65	劳动意识	67	创新精神	64
环境意识	66	环境意识	64	工匠精神	66	人文底蕴	64
科学精神	66	人文底蕴	64	创新精神	66	劳动意识	62
创新精神	66	劳动意识	63	人文底蕴	65	工匠精神	62
人文底蕴	64	工匠精神	62	环境意识	64	环境意识	61
审美能力	62	工程与社会	61	数字素养	62	审美能力	60
工匠精神	60	数字素养	60	工程与社会	61	工程与社会	60
数字素养	59	审美能力	60	审美能力	61	数字素养	59
没有任何提升	5	没有任何提升	5	没有任何提升	4	没有任何提升	4

资料来源：麦可思－中国 2024 届大学毕业生培养质量跟踪评价。

表 9-5　2024 届高职主要专业大类毕业生在校期间的素养提升（多选）（二）

单位：%

装备制造大类	提升比例	生物与化工大类	提升比例	食品药品与粮食大类	提升比例	交通运输大类	提升比例
理想信念	82	理想信念	81	理想信念	83	理想信念	82
遵纪守法	76	遵纪守法	77	遵纪守法	80	遵纪守法	78
诚实守信	74	诚实守信	72	诚实守信	78	诚实守信	76
身心健康	72	身心健康	71	身心健康	78	身心健康	75
科学精神	65	科学精神	65	社会责任	70	社会责任	66
社会责任	64	社会责任	63	科学精神	70	科学精神	65

续表

装备制造大类	提升比例	生物与化工大类	提升比例	食品药品与粮食大类	提升比例	交通运输大类	提升比例
创新精神	62	环境意识	63	劳动意识	67	劳动意识	64
劳动意识	61	人文底蕴	61	创新精神	67	创新精神	63
人文底蕴	61	创新精神	61	人文底蕴	66	人文底蕴	62
工匠精神	61	劳动意识	61	环境意识	65	工匠精神	61
环境意识	59	工程与社会	59	审美能力	63	环境意识	60
数字素养	58	工匠精神	59	工匠精神	62	审美能力	59
工程与社会	58	数字素养	58	数字素养	62	数字素养	58
审美能力	57	审美能力	56	工程与社会	59	工程与社会	57
没有任何提升	5	没有任何提升	5	没有任何提升	5	没有任何提升	5

资料来源：麦可思－中国2024届大学毕业生培养质量跟踪评价。

表9-6　2024届高职主要专业大类毕业生在校期间的素养提升（多选）（三）

单位：%

电子与信息大类	提升比例	医药卫生大类	提升比例	财经商贸大类	提升比例	旅游大类	提升比例
理想信念	80	理想信念	84	理想信念	83	理想信念	82
遵纪守法	75	遵纪守法	81	遵纪守法	79	遵纪守法	77
诚实守信	74	医德医风	80	诚实守信	77	诚实守信	76
身心健康	73	诚实守信	78	身心健康	75	身心健康	75
科学精神	63	身心健康	78	科学精神	66	科学精神	65
社会责任	63	健康卫生	72	社会责任	66	创新精神	65
人文底蕴	61	社会责任	71	商业道德	65	社会责任	65
创新精神	60	科学精神	69	创新精神	65	人文底蕴	64
劳动意识	59	劳动意识	67	人文底蕴	64	劳动意识	63
数字素养	58	创新精神	67	劳动意识	62	商业道德	62
审美能力	57	人文底蕴	66	数字素养	60	审美能力	61
环境意识	57	工匠精神	61	审美能力	59	数字素养	58
工匠精神	56	审美能力	61	调查研究	57	工匠精神	58
工程与社会	54	数字素养	60	工匠精神	57	调查研究	56
没有任何提升	4	没有任何提升	4	没有任何提升	4	没有任何提升	4

资料来源：麦可思－中国2024届大学毕业生培养质量跟踪评价。

表9-7　2024届高职主要专业大类毕业生在校期间的素养提升（多选）（四）

单位：%

文化艺术大类	提升比例	新闻传播大类	提升比例	教育与体育大类	提升比例	公共管理与服务大类	提升比例
理想信念	81	理想信念	82	理想信念	83	理想信念	84
遵纪守法	76	遵纪守法	78	教育情怀	73	遵纪守法	82
诚实守信	75	诚实守信	76	践行师德	73	诚实守信	79
身心健康	75	身心健康	74	诚实守信	71	身心健康	78
艺术修养	74	创新精神	71	身心健康	70	社会责任	71
审美能力	72	审美能力	71	依法执教	65	科学精神	67
创新精神	67	人文底蕴	70	社会责任	64	人文底蕴	66
社会责任	66	文化弘扬	67	创新精神	63	劳动意识	66
人文底蕴	66	科学精神	67	人文底蕴	62	创新精神	66
科学精神	65	社会责任	67	劳动意识	61	商业道德	62
劳动意识	64	数字素养	64	审美能力	61	审美能力	62
数字素养	61	劳动意识	64	科学精神	61	调查研究	59
工匠精神	60	工匠精神	61	数字素养	56	数字素养	57
没有任何提升	4	没有任何提升	4	工匠精神	54	工匠精神	56
				没有任何提升	5	没有任何提升	4

资料来源：麦可思－中国2024届大学毕业生培养质量跟踪评价。

B.10
2024年高职毕业生对学校的满意度分析

摘 要： 高职毕业生对母校的总体满意度稳中有升，2024届达到94%。课程教学不断优化，毕业生的教学满意度从2020届的92%提升至2024届的94%，反映课程设置与岗位需求匹配度保持稳定。需注意的是，毕业生反馈"课程内容不实用或陈旧"的比例逐年上升，2024届达到30%，课程教学内容仍需进一步对接新技术、新工艺、新规范、新标准。师生课下互动频繁，教师在学习指导外，还为学生提供了求职与职业规划的有效引导。就业指导与帮扶成效明显，毕业生对就业指导服务满意度在五年内提升4个百分点，2024届达到93%，一对一辅导与求职技能培训认可度高。校园设施持续完善，为学生成长提供了有力支撑，毕业生对此评价逐年上升。

关键词： 毕业生满意度 师生互动 就业指导 校园设施 高职生

一 对母校的总体满意度

对母校的总体满意度： 由毕业生回答对母校的总体满意度，评价结果分为"很满意""满意""不满意""很不满意"，其中"很满意""满意"属于满意的范围，"不满意""很不满意"属于不满意的范围。

毕业生对母校的满意度稳中有升，反映了毕业生对职业院校教育教学与服务水平的高度认可。近五年，毕业生对母校的满意度从2020届的92%上升至2024届的94%；其中，"双高"院校毕业生始终保持较高满意度，2024

届达96%；非"双高"院校也上升至94%（见图10-1、图10-2）。这表明职业院校在优化教育服务、满足学生需求和提升教育质量方面成效显著。

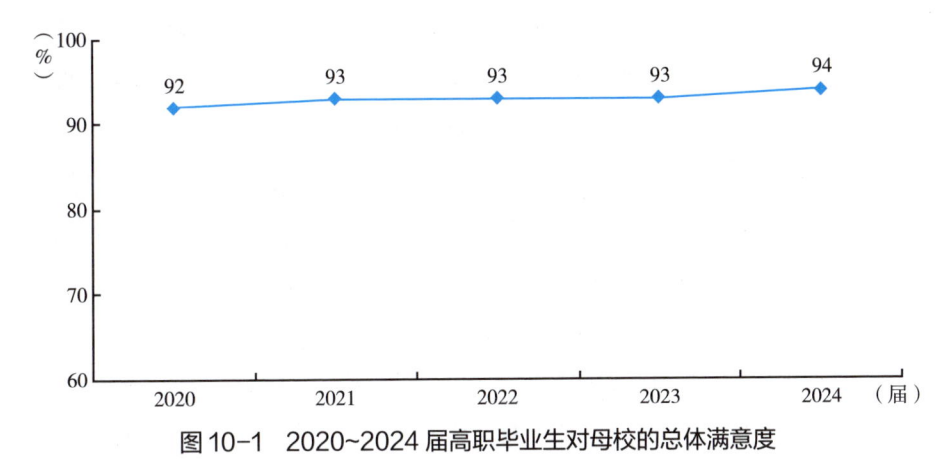

图10-1　2020~2024届高职毕业生对母校的总体满意度

资料来源：麦可思-中国2020~2024届大学毕业生培养质量跟踪评价。

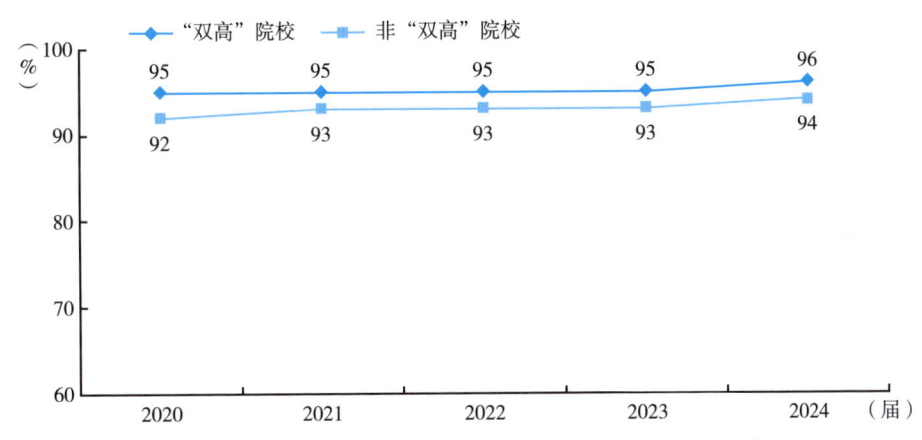

图10-2　2020~2024届各类高职院校毕业生对母校的总体满意度

资料来源：麦可思-中国2020~2024届大学毕业生培养质量跟踪评价。

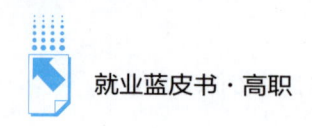

二 学生服务满意度

（一）教学满意度

教学满意度：指毕业生对教学工作的满意程度，评价结果分为"很满意""满意""不满意""很不满意"，其中"很满意""满意"属于满意的范围，"不满意""很不满意"属于不满意的范围。

毕业生对母校教学满意度稳中有升，反映了职业院校在"三教"改革等方面的不懈努力。近五年，高职毕业生对母校教学的满意度从2020届的92%上升至2024届的94%。其中，"双高"院校始终保持较高水平，2024届达96%；非"双高"院校也稳步提升至94%（见图10-3、图10-4）。

2024届毕业生认为职业院校的实践教学和教学方法有所优化，但在课程内容方面仍需进一步加强。具体来看，毕业生认为"课程内容不实用或陈旧"的比例逐年上升，2024届达到30%（见图10-5），这也反映了高等职业教育与产业需求之间依然存在不匹配的地方，教学内容更新速度滞后于产业变革，仍需进一步对接新技术、新工艺、新规范、新标准。

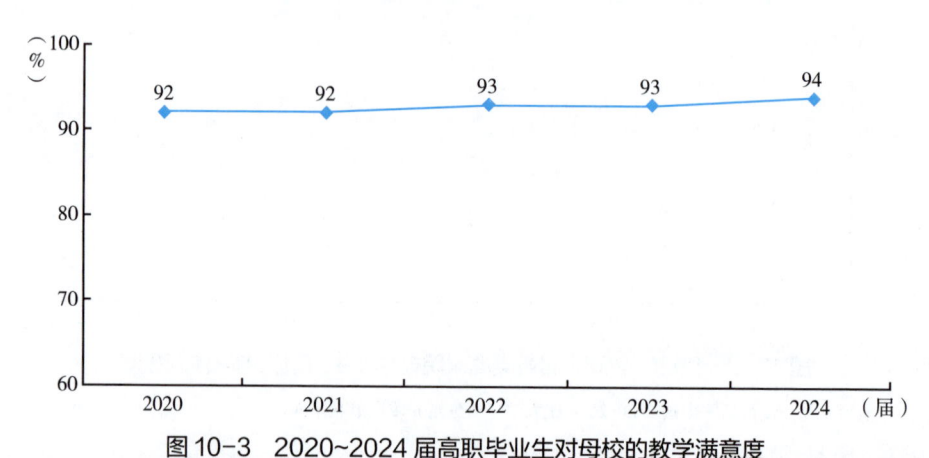

图10-3　2020~2024届高职毕业生对母校的教学满意度

资料来源：麦可思－中国2020~2024届大学毕业生培养质量跟踪评价。

2024年高职毕业生对学校的满意度分析

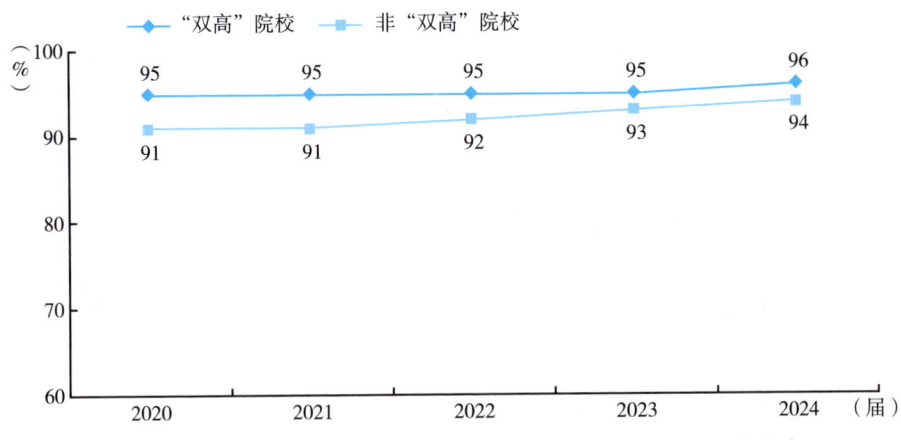

图10-4　2020~2024届各类高职院校毕业生对母校的教学满意度

资料来源：麦可思－中国2020~2024届大学毕业生培养质量跟踪评价。

图10-5　2022~2024届高职毕业生认为母校的教学需要改进的地方（多选）

资料来源：麦可思－中国2022~2024届大学毕业生培养质量跟踪评价。

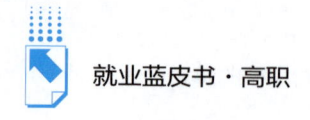

（二）核心课程评价

核心课程重要度：由从事专业相关工作的毕业生判断课程在自己的工作或学习中是否重要，评价结果分为"极其重要""非常重要""重要""有些重要""不重要"。

核心课程满足度：认为课程重要（从"有些重要"到"极其重要"）的毕业生，回答课程培养是否满足工作或学习要求。

高职课程设置与实际工作岗位需求之间的匹配程度整体保持稳定。近五年，从事专业相关工作的高职毕业生对核心课程的重要度评价基本持平，2024届为90%。其中，2024届"双高"院校、非"双高"院校毕业生对核心课程的重要度评价均为90%（见图10-6、图10-7）。

核心课程培养效果逐年提升。近五年，从事专业相关工作的高职毕业生对核心课程满足度的评价从2020届的83%上升至2024届的92%；其中，2024届"双高"院校、非"双高"院校毕业生对核心课程满足度的评价均为92%（见图10-8、图10-9）。这表明毕业生对于所学的核心课程内容和培养效果认可。

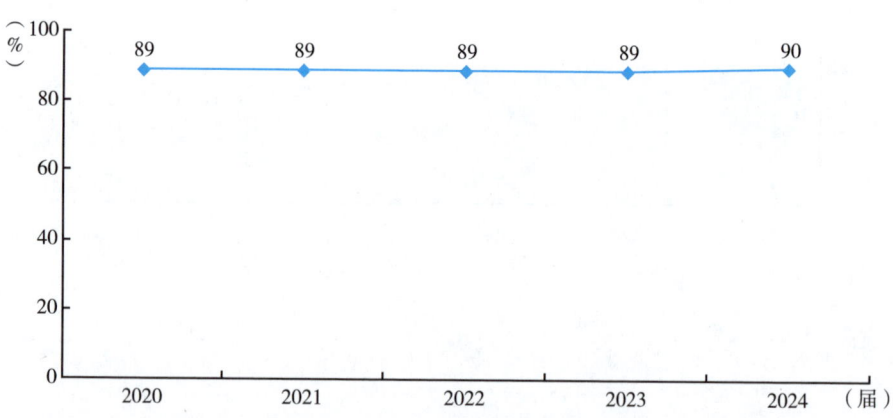

图10-6　2020~2024届高职工作与专业相关毕业生的核心课程重要度

资料来源：麦可思-中国2020~2024届大学毕业生培养质量跟踪评价。

2024年高职毕业生对学校的满意度分析

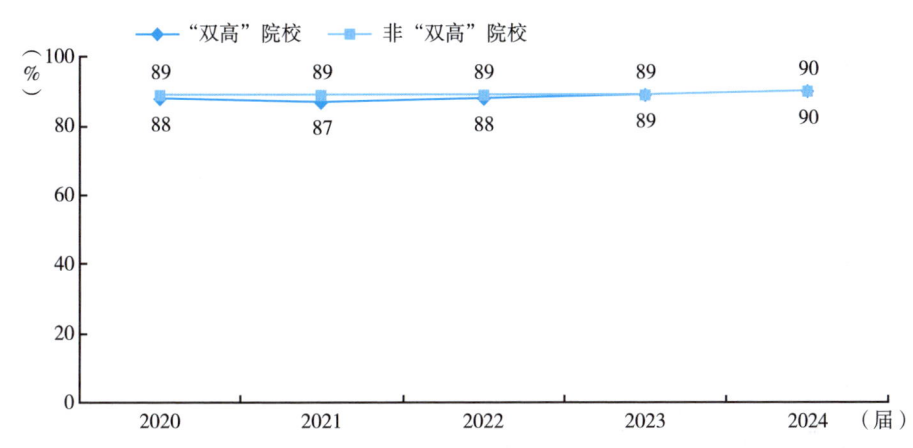

图 10-7　2020~2024 届各类高职院校工作与专业相关毕业生的核心课程重要度

资料来源：麦可思 - 中国 2020~2024 届大学毕业生培养质量跟踪评价。

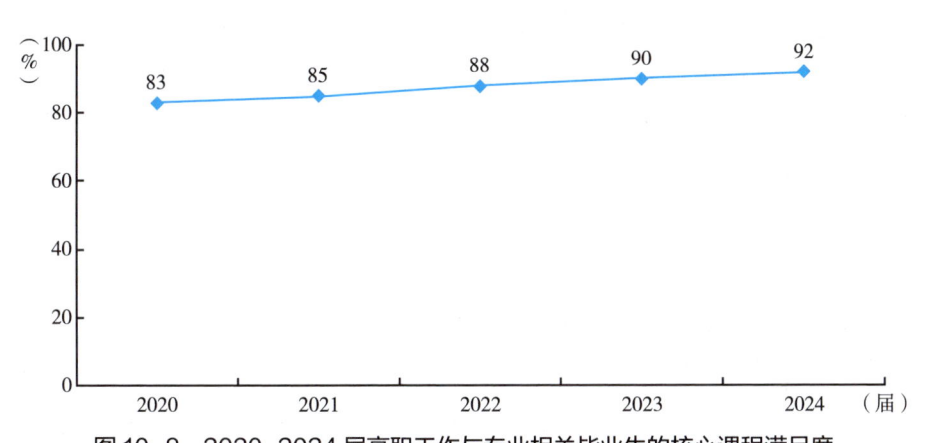

图 10-8　2020~2024 届高职工作与专业相关毕业生的核心课程满足度

资料来源：麦可思 - 中国 2020~2024 届大学毕业生培养质量跟踪评价。

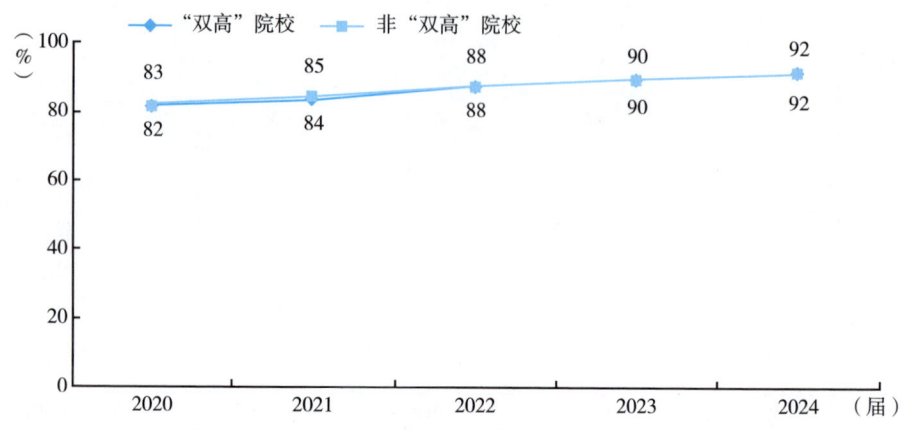

图10-9　2020~2024届各类高职院校工作与专业相关毕业生的核心课程满足度

资料来源：麦可思－中国2020~2024届大学毕业生培养质量跟踪评价。

从不同专业大类来看，医药卫生大类、公共管理与服务大类、教育与体育大类核心课程重要度和满足度均较高；电子与信息大类核心课程重要度和满足度均相对较低（见图10-10）。电子与信息大类与快速发展的数字产业高度关联，这要求课程设置、课程内容紧密结合产业发展和技术进步，并要注重课程内容的及时更新。

（三）师生交流频率

近七成毕业生与任课教师课下交流频繁。具体来看，2024届有69%的毕业生与任课教师"每周至少一次"或"每月至少一次"课下交流；其中"双高"院校为70%，非"双高"院校为69%（见图10-11）。师生互动是教法改革的重点之一，也是"学生中心"理论的重要体现，在落实学生学习指导工作上，任课教师负主体责任。相关院校可建立健全相应工作机制，进一步提升师生之间的有效互动与交流。

2024年高职毕业生对学校的满意度分析

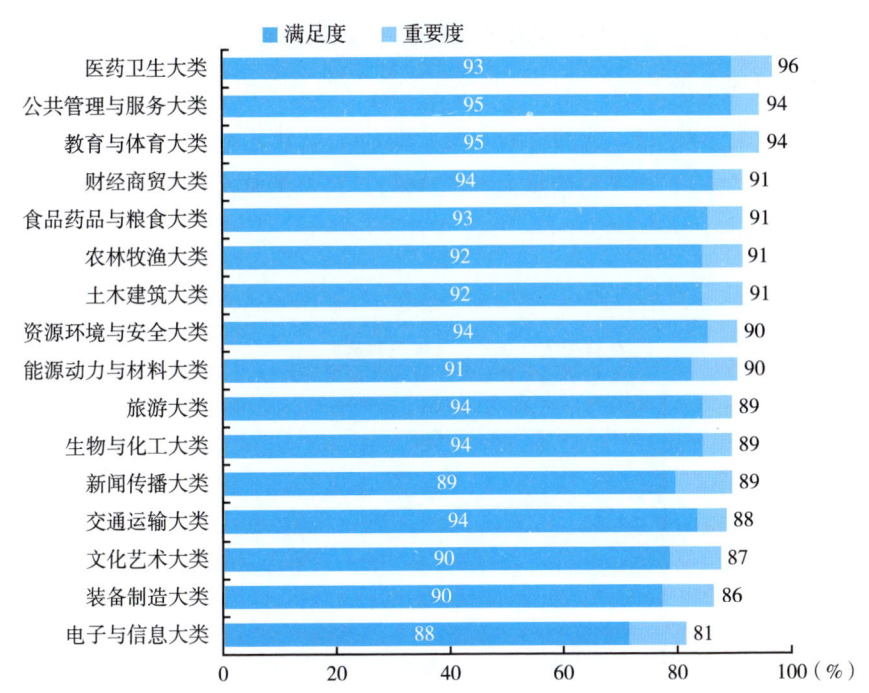

专业大类	满足度	重要度
医药卫生大类	93	96
公共管理与服务大类	95	94
教育与体育大类	95	94
财经商贸大类	94	91
食品药品与粮食大类	93	91
农林牧渔大类	92	91
土木建筑大类	92	91
资源环境与安全大类	94	90
能源动力与材料大类	91	90
旅游大类	94	89
生物与化工大类	94	89
新闻传播大类	89	89
交通运输大类	94	88
文化艺术大类	90	87
装备制造大类	90	86
电子与信息大类	88	81

图 10-10 2024届高职各专业大类工作与专业相关毕业生的核心课程重要度和满足度

注：个别专业大类因为样本较少，没有包括在内。

资料来源：麦可思-中国2024届大学毕业生培养质量跟踪评价。

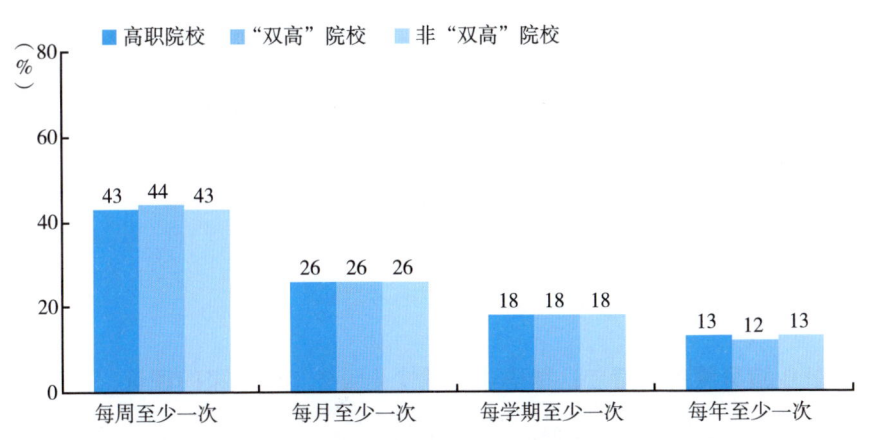

交流频率	高职院校	"双高"院校	非"双高"院校
每周至少一次	43	44	43
每月至少一次	26	26	26
每学期至少一次	18	18	18
每年至少一次	13	12	13

图 10-11 2024届高职毕业生与任课教师课下交流程度

资料来源：麦可思-中国2024届大学毕业生培养质量跟踪评价。

不同专业大类学生与任课教师进行课下交流的频率存在显著差异。与任课教师"每周至少一次"或"每月至少一次"课下交流比例较高的是资源环境与安全大类（73%）、交通运输大类（72%）、文化艺术大类（72%）、装备制造大类（72%）、电子与信息大类（71%），较低的是医药卫生大类（65%）（见图10-12）。

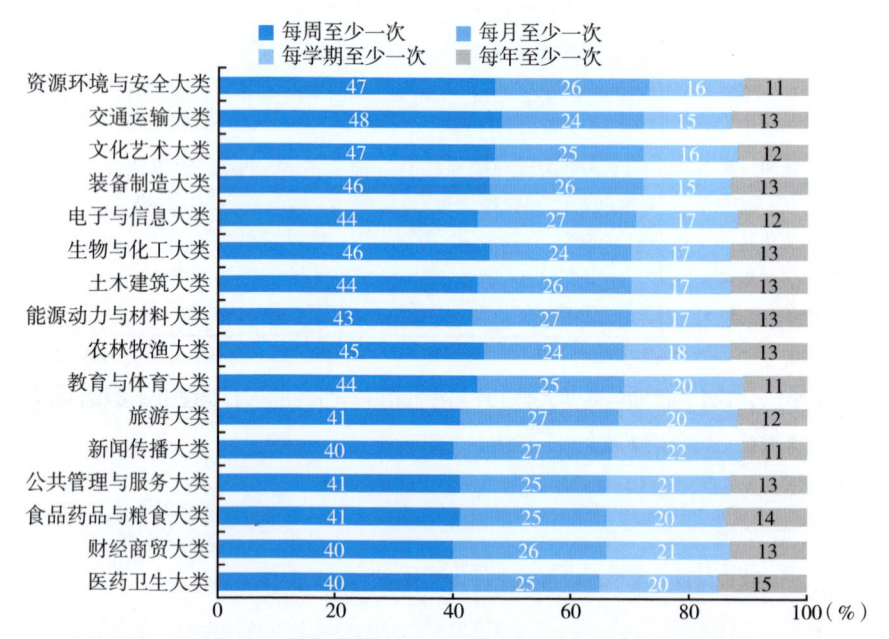

专业大类	每周至少一次	每月至少一次	每学期至少一次	每年至少一次
资源环境与安全大类	47	26	16	11
交通运输大类	48	24	15	13
文化艺术大类	47	25	16	12
装备制造大类	46	26	15	13
电子与信息大类	44	27	17	12
生物与化工大类	46	24	17	13
土木建筑大类	44	26	17	13
能源动力与材料大类	43	27	17	13
农林牧渔大类	45	24	18	13
教育与体育大类	44	25	20	11
旅游大类	41	27	20	12
新闻传播大类	40	27	22	11
公共管理与服务大类	41	25	21	13
食品药品与粮食大类	41	25	20	14
财经商贸大类	40	26	21	13
医药卫生大类	40	25	20	15

图10-12　2024届高职各专业大类毕业生与任课教师课下交流程度

注：个别专业大类因为样本较少，没有包括在内。

资料来源：麦可思-中国2024届大学毕业生培养质量跟踪评价。

（四）求职服务满意度

就业指导服务满意度：指毕业生对就业服务工作效果的评价，评价结果分为"很满意""满意""不满意""很不满意"，其中"很满意""满意"属于满意的范围，"不满意""很不满意"属于不满意的范围。

职业院校就业指导服务的持续完善，对毕业生顺利步入职场至关重要。

2024 年高职毕业生对学校的满意度分析

数据显示，高职毕业生对学校就业指导服务的满意度从 2020 届的 89% 上升至 2024 届的 93%（见图 10-13）。这说明职业院校的相关举措获得了广泛认可。分院校类型来看，"双高"院校、非"双高"院校毕业生对就业指导服务的满意度均稳步上升，2024 届分别达到 94%、92%（见图 10-14）。

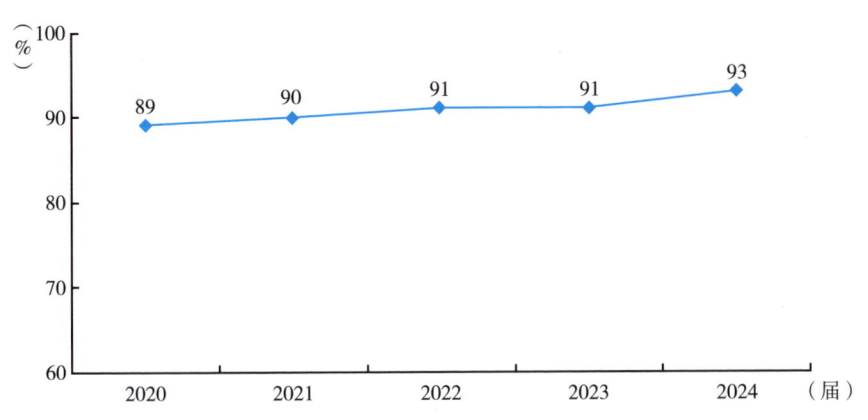

图 10-13　2020~2024 届高职毕业生对就业指导服务的满意度

资料来源：麦可思-中国 2020~2024 届大学毕业生培养质量跟踪评价。

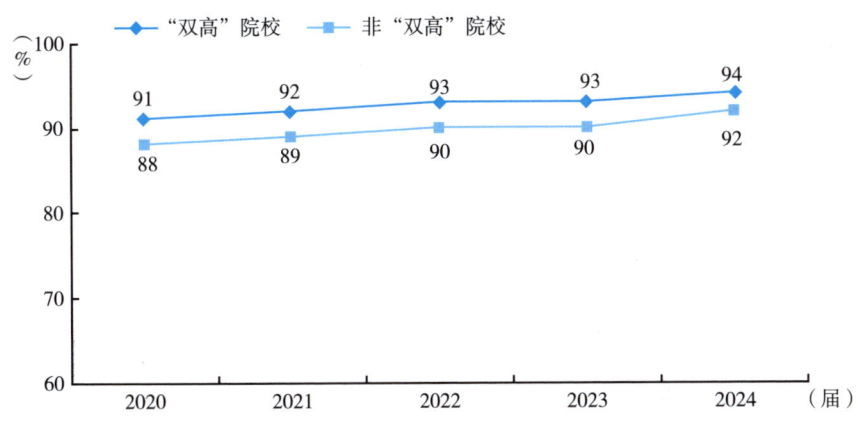

图 10-14　2020~2024 届各类高职院校毕业生对就业指导服务的满意度

资料来源：麦可思-中国 2020~2024 届大学毕业生培养质量跟踪评价。

从职业院校开展的具体求职服务来看，八成以上（84%）毕业生接受过学校提供的求职服务。其中，参与最多的是"学校组织的线下招聘会"（59%），其次是"学校组织的线上招聘会"（34%）；从求职服务效果来看，毕业生对"辅导求职技能"的有效性评价（95%）最高，对"学校组织的线下招聘会"的有效性评价（90%）相对较低（见图10-15）。这可能意味着线下招聘会需要更多地改进和创新，以提高其吸引力和实用性。

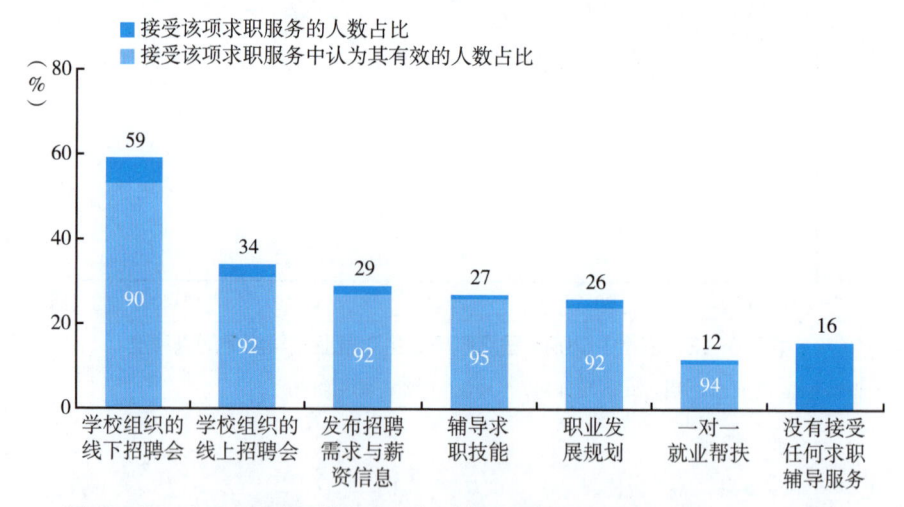

图10-15 2024届高职毕业生参与过求职服务的比例及有效性评价（多选）

资料来源：麦可思－中国2024届大学毕业生培养质量跟踪评价。

毕业生获取第一份工作的渠道是了解就业市场动态和职业院校就业指导服务效果的重要指标。2024届高职毕业生通过实习获得第一份工作的比例（24%）最高，其次是通过专业求职网站（21%）（见图10-16），这两类渠道在毕业生求职过程中发挥了关键作用。

（五）学生工作满意度

学生工作满意度：指毕业生对学生工作效果的评价，评价结果分为"很满意""满意""不满意""很不满意"，其中"很满意""满意"属于满意的范围，"不满意""很不满意"属于不满意的范围。

2024年高职毕业生对学校的满意度分析

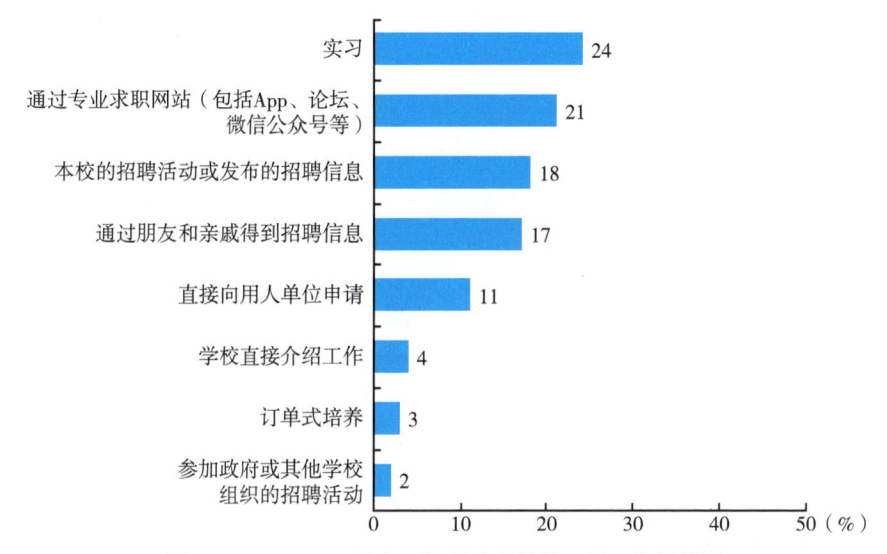

获取渠道	比例(%)
实习	24
通过专业求职网站（包括App、论坛、微信公众号等）	21
本校的招聘活动或发布的招聘信息	18
通过朋友和亲戚得到招聘信息	17
直接向用人单位申请	11
学校直接介绍工作	4
订单式培养	3
参加政府或其他学校组织的招聘活动	2

图10-16　2024届高职毕业生获得第一份工作的渠道

资料来源：麦可思-中国2024届大学毕业生培养质量跟踪评价。

高职毕业生对母校学生工作的满意度持续上升，彰显了育人举措成效。近五年，毕业生对学生工作的满意度从2020届的91%上升至2024届的93%；分院校类型看，"双高"院校、非"双高"院校毕业生的学生工作满意度均呈现上升趋势，2024届分别达到94%、93%（见图10-17、图10-18）。这表明学生工作在满足需求、优化体验和促进学生全面发展方面持续进步。

（六）校园环境支撑

校园设施条件满足度：指校园各项设施能够满足毕业生需求的比例，设施具体包括"教室及教学设备""图书馆与图书资料""实验、实训及相关设备""计算机、校园网等信息化设备""运动场及体育设施""艺术场馆"。

校园学习与生活设施是支撑学生成长成才的重要环节，直接影响学习发展和兴趣培养。近三年，高职毕业生对教室及教学设备的满足度评价保持在

90%以上；与此同时，毕业生对图书馆与图书资料、教室及教学设备、计算机及校园网等信息化设备、运动场及体育设施、艺术场馆的满足度评价均呈上升趋势（见图10-19）。

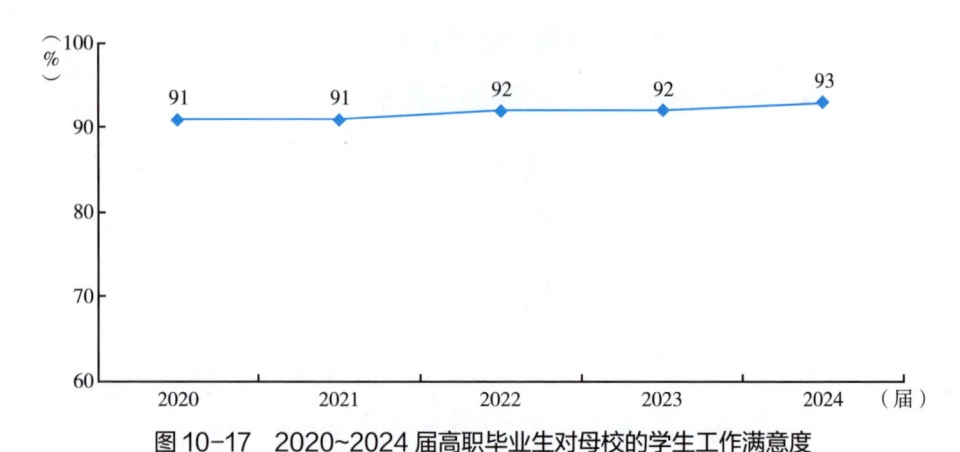

图10-17　2020~2024届高职毕业生对母校的学生工作满意度

资料来源：麦可思-中国2020~2024届大学毕业生培养质量跟踪评价。

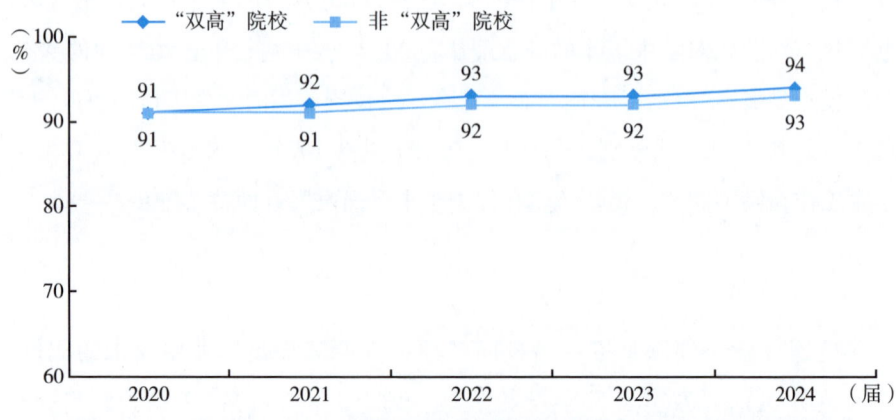

图10-18　2020~2024届各类高职院校毕业生对母校的学生工作满意度

资料来源：麦可思-中国2020~2024届大学毕业生培养质量跟踪评价。

2024年高职毕业生对学校的满意度分析

校园设施	2024届	2023届	2022届
教室及教学设备	93	92	92
图书馆与图书资料	92	91	90
实验、实训及相关设备	91	90	89
计算机、校园网等信息化设备	90	89	88
运动场及体育设施	90	89	88
艺术场馆	85	82	81

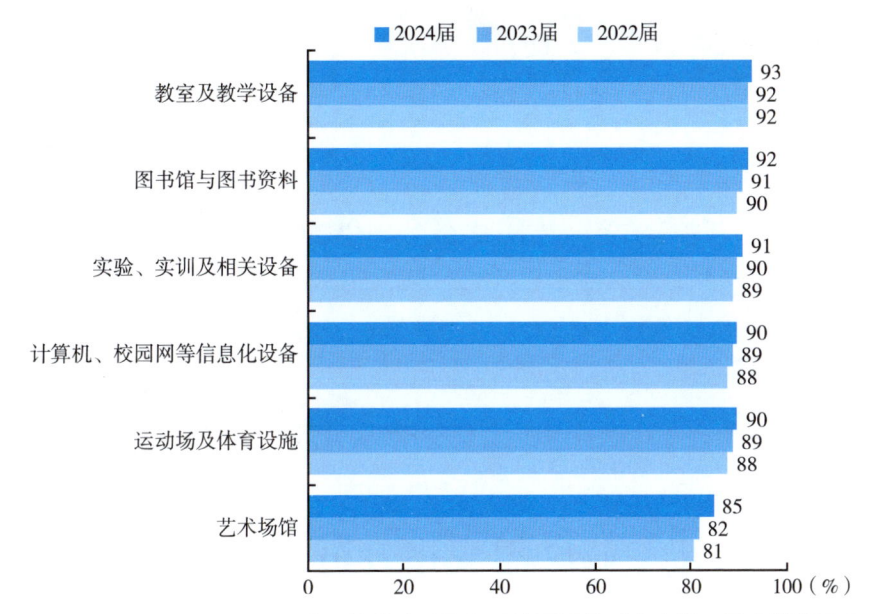

图10-19　2022~2024届高职毕业生认为各项校园设施对自身学习需求的满足度

资料来源：麦可思－中国2022~2024届大学毕业生培养质量跟踪评价。

专题报告

B.11 新职业与新专业供需变化分析

摘　要： 数字技术推动产业转型升级，催生新职业与传统岗位技能需求升级。装备制造业中智能制造、工业机器人、新能源汽车等领域技术技能人才需求显著增长，而传统岗位也逐渐向数字化、智能化转型。现代服务业方面，以人工智能、大数据、直播电商等为代表的新兴岗位需求旺盛。职业教育通过动态调整专业设置积极响应产业与社会需求，新设智能制造、人工智能、新能源以及养老托育等紧缺专业。然而，也存在专业盲目跟风、人才培养质量与市场需求脱节的问题。建议职业院校建立专业动态调整机制，深化产教融合，强化实践教学，并建立毕业生就业反馈机制，以提升人才培养与产业需求的适配度。

关键词： 新职业　专业动态调整　数字技能　产教融合　高职生

一 引言：数字技术驱动下的产业结构变革

当前，以人工智能、大数据、工业互联网为代表的数字技术正深刻推动全球产业结构变革，加速与实体经济融合，驱动制造业向高端化、智能化、绿色化转型升级，并持续催生现代服务业新业态。在此背景下，高等职业教育的专业设置也发生较大调整。根据教育部发布的2025年高等职业教育专科专业设置备案和审批结果，全国新增专业点7331个，撤销专业点5427个。其中超过一半的新增专业集中在先进制造、数字产业和绿色经济等前沿领域，且近半数为职业本科层次，反映职业教育人才培养层次和质量进一步提高。

然而，数字经济的快速发展也凸显了新职业人才的严重不足问题，据估算[1]，我国数字化人才缺口已高达2500万~3000万人，人工智能、智能制造等领域的人才需求尤为突出。与此同时，部分传统岗位需求不断萎缩，就业市场呈现"新职业人才紧缺与传统岗位过剩"的结构性矛盾。本专题将从岗位需求和专业供给两方面入手，分析新职业与新专业的供需变化，并探讨职业院校如何通过专业调整更好地适应产业需求，为职业教育的人才培养提供参考依据。

二 产业升级驱动岗位需求变化

（一）装备制造领域：智能制造催生新兴岗位需求

新兴技术岗位需求快速增长。制造业的数字化、智能化升级正推动技术技能岗位结构优化，高端装备、智能网联新能源汽车等领域发展较快，新兴技术岗位需求增长。调研数据显示，高职毕业生进入装备制造业就业的比例逐年上升，从2020届的10.1%提升到2024届的13.1%，其中从事智能制造工程技术人员、工业机器人操作维护等新兴技术岗位的比例也从2020届的3.2%上升至2024届的4.3%（见图11-1）。

---

[1] 人瑞人才、德勤中国：《产业数字人才研究与发展报告（2023）》，社会科学文献出版社，2023。

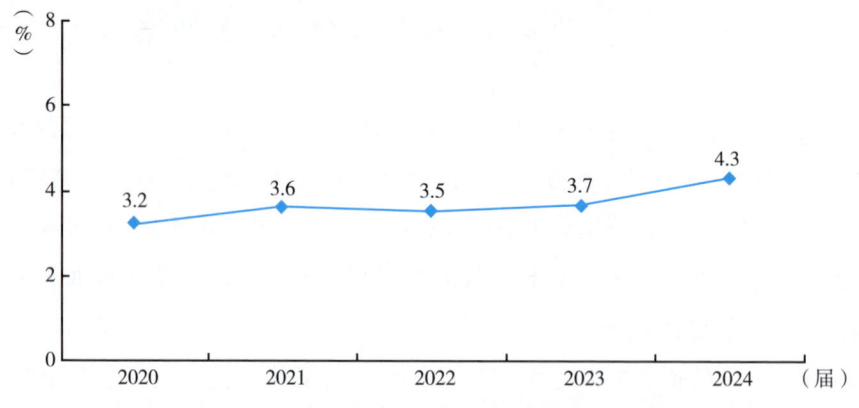

图 11-1　高职毕业生在装备制造业中从事新兴技术岗位的比例

资料来源：麦可思－中国 2020~2024 届大学毕业生培养质量跟踪评价。

这表明智能制造相关岗位对毕业生的吸引力明显增强。在新能源、新材料、高端装备等领域，多家行业龙头企业大幅扩充智能制造人才队伍，例如宁德时代、三一重工等企业的智能制造岗位招聘需求增多。

传统技术岗位技能需求升级。尽管新兴技术岗位不断涌现，制造业传统技术岗位仍在相当长时期内扮演重要角色。在装备制造业就业的高职毕业生中，从事电子工程技术、电工技术、机械工程技术等传统技术岗位的比例依然超过 45%（2024 届为 45.3%）。

需要注意的是，上述传统技术岗位的技能要求已显著升级。当前制造业正从"制造"迈向"智造"，即使是一线装配工、维修工，也需要掌握数控编程、机器人操作及工业互联网平台应用等新技能，实现从体力型向技能型、智慧型转变。例如，现代工厂维修人员须具备操作工业机器人进行自动化维护，以及运用工业互联网平台远程监控和数据分析的能力，以提升设备维护效率和精准性。

职业教育应及时调整课程设置，加强数字技能培养，强化实践教学，培养适应智能化转型的复合型技术技能人才。

新能源汽车售后服务需求增长。新能源汽车产业的快速发展推动了相关就业需求增长，近年来，中国智能网联新能源汽车行业高速扩张，不仅催生了汽车电子、电池管理等新兴岗位，也拉动了汽车售后服务岗位的需求增长。调研数据显示，高职毕业生在汽车售后服务相关岗位的就业比例，从2020届的0.7%上升至2024届的1.2%。据市场调研预测[①]，2025年中国汽车维修行业市场规模将达到1.2万亿元，年均增长率保持在8%左右，其中新能源汽车维修服务的占比将超过30%。由此可见，新能源汽车市场的迅速扩容不仅创造了新职业机会，也有效带动了传统汽车服务岗位需求的增长。

（二）现代服务业：数字化推动服务岗位更新换代

新质生产力催生"数字工匠"岗位集群。 现代服务业中，高职毕业生在信息传输、软件和信息技术服务业的就业量较大（2024届为6.3%），其中从事与人工智能、大数据、云计算、数据安全相关的新兴技术岗位的比例呈上升趋势，从2020届的1.8%上升至2024届的3.1%（见图11-2）。以人工智能训练师、数据标注师为代表的一批面向技术技能人才的新职业应运而生，为毕业生提供了新的就业选择。

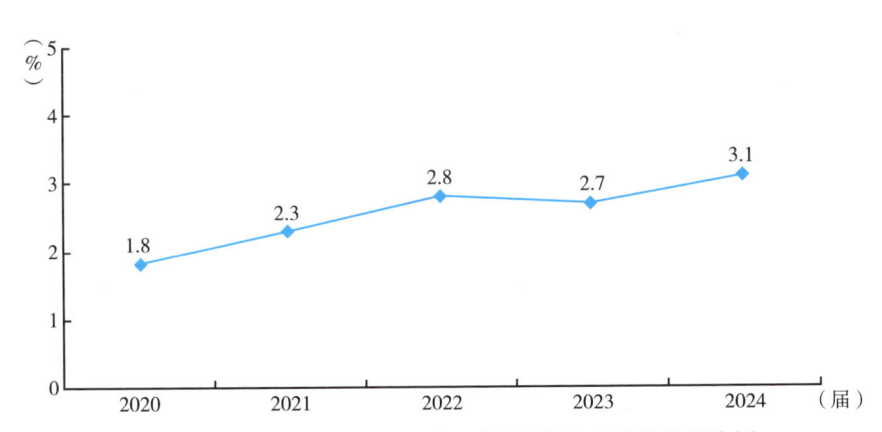

图11-2 高职毕业生在信息产业中从事新兴技术岗位的比例

资料来源：麦可思-中国2020~2024届大学毕业生培养质量跟踪评价。

---

① 《2025至2030中国汽车维修行业战略规划及营销模式发展趋势报告》，https://www.renrendoc.com/paper/416558535.html。

这也体现了数字技术对就业形态的重塑，企业为了让机器"听得懂""干得对"，迫切需要大量AI算法工程技术人员、数据标注与清洗人员等；同时为了保障网络与信息安全，又催生出密码工程技术人员、网络安全工程技术人员等新角色。数字产业的兴起使得拥有数字技能的人才成为职场"香饽饽"。据招聘平台统计[①]，2025年春节后首周，生成式人工智能（AIGC）领域的人才需求激增，新发布职位数同比增长超过600%。数字经济的火热正全面带动就业结构升级。

数字技术渗透零售与文娱领域。数字技术不仅在IT行业内部催生新职业，也渗透到零售、传媒、文娱等传统服务行业，催生新业态岗位。调研数据显示，直播电商、新媒体运营等职业相关岗位在零售、文娱领域的占比不断扩大。高职毕业生在文体娱乐、零售领域就业的合计占比从2020届的9.6%上升至2024届的11.4%，其中从事新媒体策划、编辑、运营以及直播销售等数字营销岗位的比例提升明显，合计占比从2022届的4.6%增至2024届的6.0%（见表11-1）。

表11-1 高职毕业生在文体娱乐、零售行业中从事新媒体策划、编辑、运营及直播销售相关岗位的比例

单位：%

岗位	2024届	2023届	2022届
新媒体策划、编辑、运营人员	4.0	3.7	3.5
直播销售人员	2.0	1.9	1.1

资料来源：麦可思-中国2022~2024届大学毕业生培养质量跟踪评价。

同时，人力资源和社会保障部也将"直播电商运营师""元宇宙场景设计师"等数字领域新兴职业正式纳入职业分类，并推动实施相应的"1+X"职业技能等级证书制度，以促进新职业人才规范化培养。

综上所述，产业升级推动制造业技术密集化转型，服务业数字化进程加快，新职业持续涌现。这些变化要求高等职业教育及时调整专业设置与培养

---

① 姜琳、黄垚：《方案来了！中国数字人才培育行动启航》，新华社，2024年4月17日。

模式，缓解新兴岗位人才紧缺与传统岗位过剩的结构性矛盾，提升人才供给与产业需求的匹配度。

三 职业院校专业设置动态调整响应

（一）专业布点对接产业和民生需求

高等职业教育专业布点数量的增减，是职业院校对市场人才需求变化做出反应的直接体现。近年来，教育部建立了专业目录动态管理机制，每年对高职院校专业设置进行调整优化。从专业大类来看，近五年全国高职专科专业布点数（不区分专业的学制，下同）增幅较大的领域与新兴产业和民生需求高度契合。

其中，装备制造大类专业布点增加最多，五年净增1011个；医药卫生大类和电子与信息大类紧随其后，增加数量均超过800个（见表11-2）。这些专业涵盖了智能制造、人工智能、新能源、健康服务、养老托育托幼等当前经济社会迫切需要的领域，充分体现了职业教育对国家战略、新兴产业和民生紧缺领域的快速响应。

表11-2 高职院校专业布点数量增加较多的专业大类

单位：个

专业大类	五年变化	2025年布点数	2021年布点数
装备制造大类	1011	7584	6573
医药卫生大类	832	4953	4121
电子与信息大类	820	8367	7547
文化艺术大类	227	4351	4124
新闻传播大类	207	1103	896
农林牧渔大类	186	1543	1357
资源环境与安全大类	170	1469	1299
能源动力与材料大类	165	934	769

资料来源：2021~2025年高等职业教育专科专业设置备案和审批结果。

具体到专业层面,增加较多的专业集中在战略性新兴产业及社会服务领域。近五年全国高职院校专业布点数增加较多的专业,多为数字技术和高端制造相关。例如,人工智能技术应用、智能网联汽车技术、网络营销与直播电商、无人机应用技术专业,五年净增专业布点数超过 200 个(见表 11-3)。

表 11-3 高职院校专业布点数量增加较多的前 20 位专业

单位:个

专业	五年变化	2025 年布点数	2021 年布点数
人工智能技术应用	373	751	378
智能网联汽车技术	296	344	48
网络营销与直播电商	281	403	122
无人机应用技术	209	551	342
信息安全技术应用	197	474	277
智能建造技术	177	198	21
婴幼儿托育服务与管理	173	619	446
智慧健康养老服务与管理	167	442	275
新能源汽车技术	155	672	517
数字化设计与制造技术	155	175	20
工业互联网应用	139	155	16
融媒体技术与运营	125	164	39
数字媒体技术	123	610	487
智能制造装备技术	108	191	83
新能源汽车检测与维修技术	108	178	70
跨境电子商务	102	405	303
工业互联网技术	100	128	28
数字媒体艺术设计	98	458	360
康复治疗技术	87	405	318
中医康复技术	85	182	97

资料来源:2021~2025 年高等职业教育专科专业设置备案和审批结果。

在服务民生方面,面向"一老一小"的托育、养老专业呈现快速扩张态势。近五年来,全国高职院校婴幼儿托育服务与管理、智慧健康养老服务与管理专业净增专业布点数分别为 173 个、167 个，这两类专业的增设响应了国家《"十四五"积极应对人口老龄化工程和托育建设实施方案》等政策要求，为缓解相关服务领域人才短缺问题提供了保障。

（二）专业布局与区域发展的适配

区域重点产业紧缺专业是增设重点。高等职业院校在专业布局上需要与区域重点产业精准对接，服务地方经济发展。从各省近五年高职专业布点变化来看，区域产业集群的发展需求已成为专业设置的重要考量。例如，中部制造业大省河南，五年间高职专业布点净增 617 个（见表 11-4），这与河南省持续推动职业教育结构与产业结构优化匹配的政策举措有关。

表 11-4 高职院校各省份专业布点数量变化

单位：个

省份	五年变化	2025年布点数	2021年布点数	省份	五年变化	2025年布点数	2021年布点数
河南	617	4992	4375	贵州	30	1106	1076
山东	486	4336	3850	青海	28	201	173
广东	347	3958	3611	河北	17	2775	2758
新疆	316	1316	1000	陕西	16	1673	1657
重庆	304	1723	1419	西藏	12	58	46
湖南	289	2317	2028	宁夏	12	297	285
云南	203	2016	1813	江西	12	2459	2447
浙江	156	1666	1510	天津	5	640	635
四川	120	3152	3032	黑龙江	-14	1142	1156
福建	102	1686	1584	北京	-18	611	629
江苏	87	3563	3476	山西	-82	1479	1561
海南	77	540	463	吉林	-91	1162	1253
湖北	72	2610	2538	甘肃	-133	1064	1197
广西	56	1995	1939	内蒙古	-175	1080	1255
辽宁	54	1487	1433	安徽	-337	2470	2807
上海	50	696	646				

资料来源：2021~2025 年高等职业教育专科专业设置备案和审批结果。

2024年7月,河南省教育厅、河南省工业和信息化厅在针对全省7个先进制造业集群和28个重点产业链的500家重点企业开展需求调研的基础上,联合编制并发布了《河南省重点产业对应职业教育紧缺专业设置指导目录》(以下简称《目录》),涵盖了53个专业。从全省近五年专业布点的变化情况来看,《目录》涵盖的专业中,有39个专业布点数增加,占比74%;另外其他增设数量较多的专业普遍与河南省7个先进制造业集群紧密相关(见表11-5)。通过这种"清单式"引导,各职业院校能够有的放矢地增设专业点,避免一哄而上开设同质化的新专业。

表11-5 河南省高职院校专业布点数量增加较多的专业

单位:个

专业	五年变化	2025年布点数	2021年布点数	对应河南省先进制造业集群
人工智能技术应用	41	78	37	电子信息集群
网络营销与直播电商	34	61	27	—
信息安全技术应用*	31	56	25	电子信息集群
智能制造装备技术*	29	39	10	先进装备集群
智能网联汽车技术	26	35	9	新能源汽车集群
新能源汽车技术	23	71	48	新能源汽车集群
应急救援技术*	20	22	2	—
无人机应用技术	20	51	31	先进装备集群
数字媒体艺术设计	18	40	22	—
舞蹈表演	18	41	23	—
工业互联网应用	17	20	3	先进装备集群
婴幼儿托育服务与管理*	15	45	30	—
大数据技术	15	91	76	电子信息集群
汽车检测与维修技术	15	46	31	新能源汽车集群
智慧健康养老服务与管理	15	32	17	—

注:*表示该专业包含在《河南省重点产业对应职业教育紧缺专业设置指导目录》当中。
资料来源:2021~2025年高等职业教育专科专业设置备案和审批结果;河南省教育厅。

专业增设匹配区域产业特色。山东、广东省五年内净增专业布点分别为486个、347个。山东省高职专业增设重点集中在电子与信息、装备制造等当地支柱产业领域。广东省高职在医药卫生大类专业布点增加（108个）较为突出（见表11-6），其中增加较多的专业为口腔医学技术（15个）、药学（12个）、中药学（11个）、护理（10个）等。广东省内不同地域院校专业增设各有侧重，珠三角地区依托生物医药与健康产业集群驱动，口腔医学技术、药学等专业增加数量（分别为13个、10个）相对较多；粤东西北地区伴随着"百县千镇万村高质量发展工程"的实施，围绕南药等特色产业集群发展壮大以及普惠育幼服务体系建设的需求，中药学、婴幼儿托育服务与管理专业增加数量（均为4个）相对较多。呈现明显的地区产业导向。

表11-6 山东和广东省高职院校专业布点数量增加较多的专业大类

单位：个

省份	专业大类	五年变化	2025年布点数	2021年布点数
山东	电子与信息大类	89	656	567
	装备制造大类	85	605	520
	医药卫生大类	77	418	341
	文化艺术大类	67	334	267
	旅游大类	38	188	150
广东	医药卫生大类	108	384	276
	装备制造大类	75	465	390
	电子与信息大类	69	646	577
	新闻传播大类	31	95	64
	交通运输大类	25	169	144

资料来源：2021~2025年高等职业教育专科专业设置备案和审批结果。

专业设置需动态适配区域产业需求。职业院校专业设置应根据区域产业发展需求进行动态调整。近五年，安徽省高职围绕产业升级和新兴需求的专业增设突出，体现出专业设置的"加法"。传统财经商贸类专业撤并力度较大，体现专业设置的"减法"。

同时，汽车行业专业设置"一减一增"趋势明显，汽车技术服务与营销等面向传统燃油车领域的专业布点数减少，智能网联汽车技术、新能源汽车技术等面向新能源汽车领域的专业布点数增多（见表11-7）。

表 11-7　安徽省高职院校专业布点数量增加和减少较多的专业

单位：个

分类	专业	五年变化	2025年布点数	2021年布点数
增加较多	网络营销与直播电商	24	30	6
	人工智能技术应用	23	40	17
	智能网联汽车技术	21	25	4
	新能源汽车技术	16	45	29
减少较多	汽车技术服务与营销	−17	11	28
	金融科技应用	−16	5	21
	市场营销	−13	40	53
	应用电子技术	−13	12	25
	国际经济与贸易	−11	4	15
	连锁经营与管理	−11	6	17

资料来源：2021~2025年高等职业教育专科专业设置备案和审批结果。

（三）专业设置避免同质化，匹配自身办学条件

专业增设避免盲目跟风。 需要注意的是，专业增设上存在盲目跟风的情况，扎堆设置热门专业，导致同质化竞争。以近五年增设数量最多的人工智能技术应用专业为例，数据显示，2025年全国布点751个，共有29个省份、221个城市的高职院校开设了该专业。这种扎堆现象可能导致局部供需失衡，从而影响专业的人才培养质量和就业适配度。调研数据显示，该专业2024届毕业生工作与专业相关度仅为31%，明显偏低。其中，有20%的毕业生因为能力达不到专业相关工作的要求而转向其他领域就业，远高于全国高职平均比例（11%）（见表11-8）。这一现象反映了部分院校专业设置缺乏对自身办学能力的评估，导致人才培养质量与市场需求存在较大落差。

表 11-8　2024 届人工智能技术应用专业毕业生选择专业无关工作的原因

单位：%

选择专业无关工作的原因	人工智能技术应用专业	全国高职
迫于现实先就业再择业	30	29
达不到专业相关工作的要求	20	11
专业工作不符合自己的职业期待	16	20
专业工作岗位招聘少	16	15
专业工作的环境不好	12	13
专业无关工作收入更高	6	12

资料来源：麦可思－中国 2024 届大学毕业生培养质量跟踪评价。

提升关键办学能力。课程教学与实习实践是决定人才培养质量的关键环节。从近五年新增较多（净增数达到或超过 100 个）的专业来看，其 2024 届毕业生反馈"实习和实践环节不足"和"课程内容陈旧、不实用"的比例（分别为 49%、34%）均高于全国高职平均水平（分别为 47%、30%），这反映出部分职业院校在课程设置上未能有效对接产业新技术、新标准，实践教学体系未能满足新兴岗位技能需求，师资力量、设施条件及资源配置对人才培养支撑不足，导致人才培养质量与市场需求适配度较低。

四　启示：动态调整专业布局，提升人才培养适配性

随着数字技术的不断进步和产业结构的变革，就业市场和职业院校人才培养面临着前所未有的挑战与机遇。通过本专题分析，总结以下几点启示，供职业院校和相关决策部门参考。

动态调整专业结构，对接区域产业需求。建立"前瞻布局＋区域适配"的专业动态调整机制，紧跟产业方向持续优化专业设置。围绕战略性新兴领域增设新专业，及时淘汰社会需求减少的过剩专业。结合区域功能定位和产业集群特点，有针对性地设置特色专业，避免同质化竞争，实现专业链与产业链的紧密对接，使专业布局与产业发展需求同频共振。

深化产教融合模式，重构能力培养体系。以"校企共建+能力升级"为核心，推动传统与新兴技术融合。通过校企共建实战课程、工学一体化培养，将工业互联网运维、智能设备管理等产业标准融入教学过程。在专业教学中推动"新老融合"，即在传统优势专业中嵌入人工智能、大数据等新技术模块，使学生既掌握传统工艺原理又具备数字化技能，从而满足岗位能力升级的要求。同时，完善多主体协同育人机制，邀请企业工程师、高技能大师参与教学和评价，确保人才培养瞄准产业前沿动态，不断提升毕业生适应新技术、新工艺的能力。

聚焦民生重点领域，强化人才培养反馈闭环。优先布局"一老一小"刚需专业，匹配银发经济与生育政策带来的服务需求增长。创新养老服务管理、婴幼儿发展与健康管理等专业培养模式，为社区养老、普惠托育输送人才。建立人才培养与就业质量闭环反馈机制，对新开设专业的毕业生就业去向、就业对口率、岗位胜任力等进行持续跟踪监测。根据反馈数据，动态调整课程设置和实践教学环节，有针对性地弥补能力短板。

参考文献

教育部：《职业教育专业教学标准-2025年修（制）订》，2025。

《教育部关于公布2025年高等职业教育专科专业设置备案和审批结果的通知》，教职成函〔2025〕1号。

中共中央办公厅、国务院办公厅印发《关于深化现代职业教育体系建设改革的意见》，2022年。

中共中央办公厅、国务院办公厅印发《关于推动现代职业教育高质量发展的意见》，2021年。

教育部：《职业教育专业目录（2021年）》，2021。

B.12
AI时代高职生核心工作能力分析

摘　要： 随着人工智能（AI）技术的迅猛发展，全球就业市场正经历结构性变革，这对职业教育提出了新的要求。AI、数字化技术和自动化的广泛应用加速重构技术技能岗位能力结构，要求从业者具备系统化综合判断、创新能力及高阶数字技能。根据对近年来高职毕业生核心工作能力需求的分析，发现高职毕业生在综合判断与问题解决、技术创新与迭代设计等方面的能力需求显著提升，沟通协作与服务意识能力需求仍保持高位，而传统技术应用（如编程）需求相对下降，但仍是刚需。当前，职业教育面临的挑战包括课程内容与产业需求脱节、产教融合深度不足以及教师实践教学能力不足。因此，职业教育亟须通过深化产教融合、校企合作、数字化教学等手段，构建更加符合现代产业需求的能力框架，培养适应快速技能迭代的复合型技术技能人才。

关键词： 人工智能　技术技能　技能重构　产教融合　高职生

一　引言：人工智能时代的就业新格局

当前，新一轮科技革命加速推进，人工智能（AI）正深刻改变全球就业格局。世界经济论坛发布的《2025年未来就业报告》指出，多种宏观趋势正共同塑造未来劳动力市场。其中，86%的企业将人工智能与信息处理技术视为未来几年最重要的业务模式颠覆因素。技能缺口日益成为阻碍企业转型的重要障碍，63%的雇主将本地劳动力市场的技能不足视为2025~2030年发展的主要挑战，85%的企业计划优先对员工进行技能提升培训以应对挑战。报告预测，到2030年全球就业将净增7%（约7800万岗位），未来五年内将新增1.7亿个岗位，同时有约9200万个岗位将被技术进步替代。在此背景下，近40%的工作技能将在数年内发生变化，劳动力技能的快速更新将成为常态。

在AI、机器人、大数据等新技术的驱动下，各行各业的岗位技能结构面临重构，生产实践一线的技术技能岗位也不例外。中国教育科学研究院课题组发布的《职业教育国际创新趋势2025》特别指出，数字化和自动化的广泛应用正在重构技术技能的内涵和岗位需求结构。以简单操作、单一岗位技能为特征的传统技能已经无法满足经济社会发展要求，职业教育培养目标正从**注重单向度的技能传授**转向**多维度发展**，由培养"岗位人"向培养"全面人"转变。相关研究也表明，随着数字技术与现代产业的深度融合，**知识复合化、技能高端化、能力综合化**成为新质技术技能人才的特征。在此背景下，高职毕业生应具备怎样的核心能力才能在智能化时代立足并实现职业发展？本文基于近五年高职毕业生核心工作能力需求变化的数据，围绕当前能力培养存在的不足与挑战，以及毕业生对教学改进的建议进行专题分析，以期为职业院校人才培养与毕业生职业发展提供参考。

二 岗位对能力的需求变化

岗位需求日益强调复合型能力。从近五年高职毕业生35项基本工作能力重要度TOP10变化来看，高职生的高阶综合判断与问题解决能力（如系统分析、疑难排解、解决复杂的问题）的重要度显著提升；同时，**技术创新与迭代设计能力**（如设计思维、技术设计）的岗位重要性也迅速增强，要求高职生在实际约束条件下进行创新设计和持续改进。此外，**沟通协作与服务意识能力**（如理解他人、积极聆听）依然位居前列，体现跨团队协作和客户服务的重要性。而传统**技术应用与操作能力**（如电脑编程）虽然仍是基础要求，但重要度相对下降。

这种趋势表明，AI 时代岗位对能力的需求正向**"综合判断＋创新实践＋人际协作＋技术基础"**的复合结构转变，对职业院校的人才培养提出新挑战。与 2020 届对比来看，2024 届高职生中重要度排名前十的基本工作能力中"设计思维"持续居高位且呈上升趋势，2024 届位列第一；"系统分析""疑难排解""技术设计"等能力排名明显提升且位居前列；而"电脑编程"则从第 1 位下降至第 5 位（见表 12-1）。这种变化反映出技术技能岗位从强调单一技术操作逐步转向重视高阶综合判断和创新实践。同时，"理解他人""积极聆听"等**沟通协作与服务意识**能力的重要度保持在高位，成为智能化工作环境下不可或缺的能力。

表 12-1　2024 届高职毕业生 35 项基本工作能力重要度前十位

2024 届重要度 TOP10 能力	2024 届排名	2020 届排名
设计思维	1	4
系统分析	2	18
疑难排解	3	5
技术设计	4	15
电脑编程	5	1
安装能力	6	17
解决复杂的问题	7	13
理解他人	8	6
操作和控制	9	25
积极聆听	10	8

资料来源：麦可思－中国 2020 届、2024 届大学毕业生培养质量跟踪评价。

不同类型专业所面向领域的能力需求各有侧重，但均强调全面性与创新性。

工程类专业正从单一技术执行转向高阶综合判断和创新实践。"设计思维"的重要度排名升至第 1，"系统分析""疑难排解""技术设计"等能力的重要度均显著提升（见表 12-2），反映产业升级推动生产过程复杂性、系统性和动态发展性增强，要求从业者能对设备、技术、工艺进行改进优化与创新。

表 12-2　2024 届工程类专业毕业生 35 项基本工作能力重要度前十位

2024 届重要度 TOP10 能力	2024 届排名	2020 届排名
设计思维	1	3
系统分析	2	18
疑难排解	3	7
技术设计	4	16
电脑编程	5	1
解决复杂的问题	6	10
时间管理	7	5
学习方法	8	9
理解他人	9	8
有效的口头沟通	10	4

资料来源：麦可思－中国 2020 届、2024 届大学毕业生培养质量跟踪评价。

文科类专业则面临技术渗透与技术工具驱动。"设计思维""技术设计"重要度排名明显提升至前两位，反映数字技术对服务领域业务边界的突破与融合加速。此外，"解决复杂的问题""财务管理""判断和决策"的重要度排名明显上升（见表 12-3），反映在数字技术驱动下，文科领域正从经验决策转向数据决策，技术工具的普及提升了对高阶分析与决策能力的需求。

表 12-3　2024 届文科类专业毕业生 35 项基本工作能力重要度前十位

2024 届重要度 TOP10 能力	2024 届排名	2020 届排名
设计思维	1	6
技术设计	2	10
积极聆听	3	3
解决复杂的问题	4	13
理解他人	5	5
逻辑思维	6	1
财务管理	7	19
判断和决策	8	17
谈判技能	9	4
学习方法	10	7

资料来源：麦可思－中国 2020 届、2024 届大学毕业生培养质量跟踪评价。

三 能力培养的不足与挑战

（一）综合判断及数字技能培养短板

对比上述岗位能力需求，当前高职毕业生的综合判断和数字技能培养存在短板。数据显示，2024届高职基本工作能力总体满足度为91%，说明多数毕业生认为自身能力能够胜任工作要求。然而将目光聚焦于最重要的几项能力后可以发现，系统分析、电脑编程等能力满足度较低（见图12-1）。2024届高职毕业生数字素养提升比例（59%）相比其他素养偏低，表明当前技术技能人才培养尚不能充分适应智能化时代需求。此外，"系统分析"能力的满足度相对偏低，综合判断能力培养也需进一步增强。

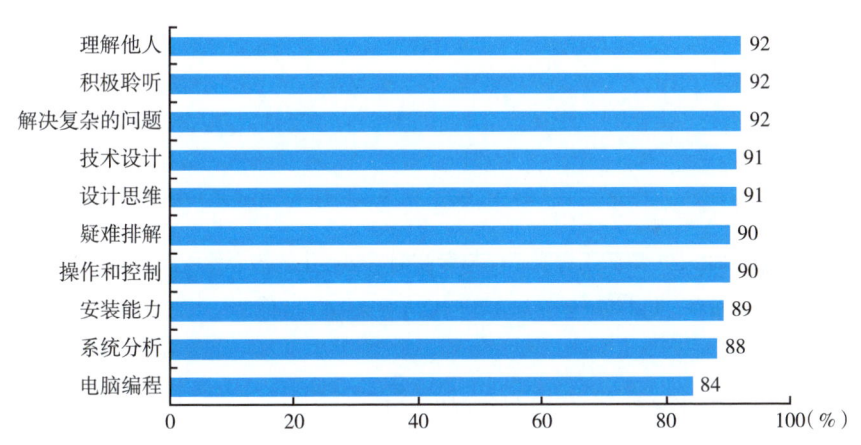

能力	满足度(%)
理解他人	92
积极聆听	92
解决复杂的问题	92
技术设计	91
设计思维	91
疑难排解	90
操作和控制	90
安装能力	89
系统分析	88
电脑编程	84

图12-1　2024届高职毕业生重要度TOP10基本工作能力的满足度

资料来源：麦可思–中国2024届大学毕业生培养质量跟踪评价。

（二）工程类、文科类专业培养痛点

毕业生能力上的短板反映出在校期间培养过程上的不足，进一步分析工程类与文科类专业毕业生的反馈，可以发现各有侧重的培养痛点。

工程类专业培养环节与产业发展脱节较为普遍。 数据显示，**课程方面，** 工程类专业毕业生对核心课程的重要度评价（2020届84%，2024届86%）持

续低于全国高职平均水平（见图12-2），表示课程内容"不实用"的比例仍然较高（见图12-3）；课程作为技术技能人才培养的基本单元，仍需进一步对接新技术、新工艺、新规范、新标准，以强化对学生能力培养的支撑作用。**实践方面**，产教融合、校企合作的深度不足，实践教学内容与实际工作岗位需求的契合度偏低，校外实习实践制度规范、实习实践内容与所学专业相关等方面均有进一步提升的空间（见表12-4、表12-5）。

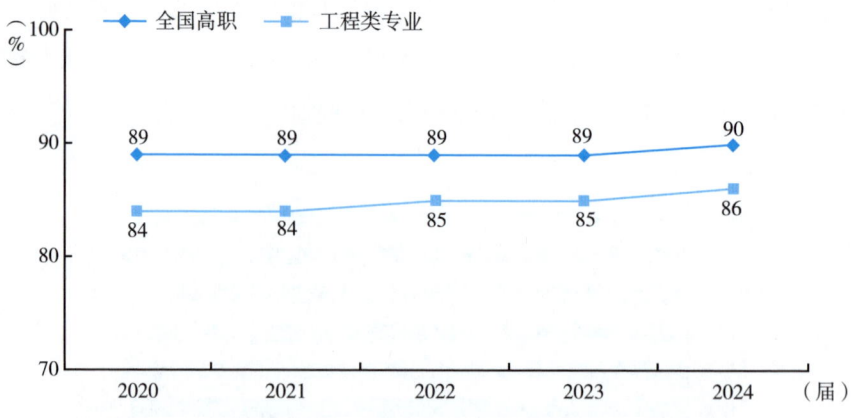

图12-2 高职工程类工作与专业相关毕业生的核心课程重要度

届	2020	2021	2022	2023	2024
全国高职	89	89	89	89	90
工程类专业	84	84	85	85	86

资料来源：麦可思－中国2020~2024届大学毕业生培养质量跟踪评价。

图12-3 高职工程类毕业生认为课程内容"不实用"的比例

届	2020	2021	2022	2023	2024
全国高职	28	28	27	29	30
工程类专业	31	31	30	31	32

资料来源：麦可思－中国2020~2024届大学毕业生培养质量跟踪评价。

表 12-4　2024 届高职工程类毕业生对校外实习实践的评价

单位：%

校外实习实践评价	工程类专业	全国高职
实习实践制度规范，有明确实习目标、任务、考核标准	93	95
校外指导老师经验丰富、业务素质好、责任心强	93	94
实习实践内容与所学专业相关	90	92
实习实践过程能够了解到行业先进技术	90	92

资料来源：麦可思 – 中国2024届大学毕业生培养质量跟踪评价。

表 12-5　工作三年的高职工程类毕业生对实践教学改进期待（多选）

单位：%

实践教学改进期待	工程类专业	全国高职
实践教学内容与实际工作岗位需求契合度低	58	56
实践教学过程中动手操作机会少	53	55
实验室、实践基地设施仪器不完备	42	41
教师实践教学能力不足	17	17

资料来源：麦可思 – 中国2021届大学毕业生三年后职业发展跟踪评价。

文科类专业毕业生的创新融合与工匠精神仍需提升。 文科类专业毕业生基本工作能力总体满足度较高（2024届92%），但在"设计思维""技术设计"方面的胜任度仍相对不足。同时，毕业生在校期间工匠精神的提升比例（2024届57%）相比其他素养仍偏低；在数字化时代背景下，文科领域对精细化操作（如数据清洗、内容策划）的要求不断提升，数字工匠精神对毕业生的就业发展具有影响作用。

实践教学、师资对文科类专业毕业生能力素养提升的支撑作用不足。 数据显示，文科类专业毕业生反馈专业教育开展过程中实习和实践环节不够的情况更为普遍（见表 12-6），这在一定程度上反映出传统培养模式与服务业数字化转型需求存在错位，对学生在跨业务融合背景下所需能力素养的提升支撑不足。与此同时，实践教学的强化离不开师资的保障，而当前文科类专

173

业教师实践教学能力不足的情况相对较多（见表12-7），影响实践效果提升，可进一步加强"双师"队伍建设。

表12-6　工作三年的高职文科类毕业生对专业教育改进期待（多选）

单位：%

专业教育改进期待	文科类专业	全国高职
实习和实践环节不够	62	57
与行业、企业需求对接不紧密	60	60
业界前沿技术与案例融入少	56	57
课程考核方式不合理	24	24

资料来源：麦可思－中国2021届大学毕业生三年后职业发展跟踪评价。

表12-7　工作三年的高职文科类毕业生对实践教学改进期待（多选）

单位：%

实践教学改进期待	文科类专业	全国高职
实践教学过程中动手操作机会少	56	55
实践教学内容与实际工作岗位需求契合度低	55	56
实验室、实践基地设施仪器不完备	41	41
教师实践教学能力不足	20	17

资料来源：麦可思－中国2021届大学毕业生三年后职业发展跟踪评价。

自主学习与终身学习能力有待加强。除了课程设置外，职业院校还面临培养学生学习能力和学习习惯的挑战。调研发现，2023~2024学年高职生在课前、课堂、课后的学习行为中，**主动深层学习**的表现普遍不足。多数学生习惯于被动接受知识，缺乏主动预习、提出问题的意识；课堂上提问讨论的积极性不高，更倾向于被动听讲；课后也缺少系统复习、延伸阅读的习惯（见表12-8）。这种学习行为导致毕业生进入职场后，在需要自我驱动学习新技能时感到吃力。对2021届毕业生工作三年后的跟踪评价显示，"终身学习能力"被视为最需要的通用能力（64%的需求度），其胜任程度却是所有能力中最低的。显然，职业教育在**激发学生学习内驱力、培养终身学习意识**方面仍有较大改进空间。

AI 时代高职生核心工作能力分析

表 12-8　2023~2024 学年高职生在校学习行为

单位：%

学习行为			总是	经常	偶尔	从不
课前学习主动性	浅层	课前完成规定的阅读或作业	43	41	15	1
	深层	自主预习，梳理知识并发现问题	35	39	24	2
课堂学习积极性	浅层	专心上课	40	48	11	1
		能跟上老师的讲解进度	38	48	13	1
	深层	主动提问或参与讨论	35	40	23	2
课后学习自主性	浅层	按课程难度、重要程度分配时间和精力	31	46	21	2
		课后复习笔记及总结课堂教学相关知识	31	44	24	1
		搜集、阅读课程相关的参考资料	31	43	24	2
		注意观察、借鉴他人的学习方法和经验	31	46	22	1
	深层	制定短期学习计划以提高学习效率	30	40	28	2
		延伸阅读教师推荐的其他相关书目	30	40	27	3

资料来源：部分职业院校 2023~2024 学年在校生跟踪评价。

归纳上述问题可以发现，高等职业教育人才培养仍存在**课程内容与产业脱节、产教融合深度不够、"双师"队伍建设不足、学生学习动力不足**等瓶颈，对毕业生从"岗位人"转向"全面人"的支撑效果仍较弱。此外，《职业教育国际创新趋势 2025》还指出，数字化转型已成为世界范围内教育转型的重要方向，推动职业教育数字化转型已是大势所趋。面对这一趋势，职业院校需要从师生关系、教学空间、教学模式等方面全面构建数字化教学新生态[①]。

四　教学培养改进方向

打造职教一流核心课程。工程类专业需重点加强与产业对接，及时吸纳新技术、新工艺、新规范、新标准，以确保课程具备前沿性与时代性。文科类专业也需更加注重在课程中融入数字技术、工匠精神等内容，以更好地应

[①] 佛朝晖：《数字化教学新生态"新"在哪儿？》，《中国教育报》2025 年 2 月 25 日。

175

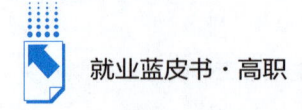

对就业领域技术渗透与技术工具驱动的趋势。

深化产教融合、校企合作的协同模式。确保实践内容与外部需求高度契合，构建多元协同机制、深化产教融合是关键。对此，职业院校可进一步发挥市域产教联合体、行业产教融合共同体的作用，增强与产业界的联系，协同共建基于真实生产设备、工作场景和生产过程的生产性实训基地，为技术技能人才培养提供更加有力的支撑。与此同时，通过企业专家驻校、教师赴企业实践等方式，强化"双师"队伍建设，以更好地助力技术技能人才培养。

依托数字技术构建教学新生态。在不断完善校园数字化设施的基础上，面对实践教学"高投入、高难度、高风险，难实施、难观摩、难再现"的现实问题，进一步强化数字技术的赋能，依托VR（虚拟现实）、AR（增强现实）以及人工智能等技术逐步解决实习实践环节的"三高三难"问题。重构教师、AI助教、学生之间的协同教学关系。与此同时，通过数字化升级与改造专业、探索新教学方式，更好地支撑AI时代技术技能人才核心工作能力的培养。

培养终身学习能力，营造积极学习生态。AI时代知识更新迅速，终身学习成为必然。职业院校应在课程中融入学习方法指导，改革评价方式，鼓励学生自主探究。同时，提供丰富的在线课程资源，建立学习共同体，营造良好的学习氛围。Coursera数据显示，2024年与生成式AI相关的线上课程注册人数同比增长1060%，凸显全球对新技能的学习热情。

五 启示：构建复合型技术技能人才培养体系

新技术的快速发展不仅重塑了技术技能人才的能力图谱，更对高等职业教育人才培养提出了全新要求和挑战。随着AI技术逐步替代程式化操作技能，人的不可替代性愈发体现在复杂系统驾驭、技术创新融合等高阶能力上，这要求职业教育构建涵盖系统思维、数字素养、创新意识等要素的能力框架。

深度对接产业是构建匹配产业发展趋势与要求的能力框架的重要前提。面对当前专业培养环节与产业发展脱节的情况，职业院校需进一步深化产教融合，依托市域产教联合体、行业产教融合共同体等平台更好地确保课程、实践等环节与产业需求高度契合,并通过上述平台强化"双师"队伍建设。此外,伴随着职业教育数字化转型的大趋势,数字技术成为推动"五金"建设提质升级的核心驱动力。

面对技术变革与教育转型的交汇,职业教育需推进自我革新,政府、企业和社会等多方也需更加紧密合作,通过多主体协同,培养全面的创新技术技能人才,更好地匹配AI时代对核心工作能力的要求,以此为推动新质生产力发展提供关键支撑。

参考文献:

世界经济论坛:《2025年未来就业报告》,2025年3月。

中国教育科学研究院:《职业教育国际创新趋势2025》,2025年1月22日。

郭福春、许嘉扬:《新质生产力视域下职业教育数字化转型的动力机制与实践进路》,《中国职业技术教育》2025年第1期。

附 录
技术报告

一 数据介绍

（一）评价覆盖面

2025年度麦可思–全国大学毕业生跟踪评价分类如下。

1. 2024届高职毕业生培养质量跟踪评价于2025年3月初完成。本次评价以高职生毕业半年后的就业状况为基础，覆盖全国高职生样本约18.8万人，涉及566个高职专业，涵盖东部、中部、西部和东北地区，毕业生从事的职业536个、行业322个。

2. 麦可思曾对2021届高职毕业生开展了毕业半年后的跟踪评价，并于2024年底完成了针对这一群体的再次跟踪评价（即毕业三年后）。此次评价旨在通过更长的时间跨度，深入观察毕业生的发展变化情况。覆盖全国高职生样本约2.3万人，涉及364个高职专业，涵盖东部、中部、西部和东北地区，毕业生从事的职业568个、行业315个。

（二）评价对象

毕业半年后（2024届）、三年后（2021届）的高职毕业生：包括"双高"院校、非"双高"院校的毕业生。

二 研究概况

（一）研究目的

1. 了解高职毕业生的就业状态及就业质量，发现其满足社会需求方面存在的问题；
2. 了解高职毕业生的升学、灵活就业以及未就业的状况；
3. 了解高职毕业生的职业发展、能力和素养达成情况；
4. 了解高职毕业生对母校的满意程度以及对教育教学过程的反馈。

（二）研究样本

本研究需提醒读者注意以下几点。

1. 答题通过电子问卷客户端实现，未被邀请的答题被视为无效。
2. 本研究对答题和未答题的样本进行了检验，没有发现存在自我选择性样本偏差问题（Self-selection Bias）[①]。
3. 针对样本分布与实际总体分布之间存在的明显差异可能导致的统计误差，本研究采用权数调整法进行修正，即以全国回收的总样本为基础，参照地区、院校类型及专业的实际分布比例进行再抽样。再抽样后的样本分布与实际分布情况详见表1至表5，其中高职毕业生的实际分布比例数据来源于中华人民共和国国家统计局网站。

表1 2024届各区域高职毕业生样本人数分布与实际人数分布

单位：%

区域	样本人数占比	实际人数占比
东部地区	34.7	34.9
中部地区	30.1	30.1

---

① 自我选择性样本偏差问题：是指调查中存在某类群体选择答题的概率和其他群体有明显不同。

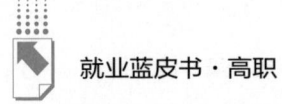

续表

区域	样本人数占比	实际人数占比
西部地区	29.4	29.2
东北地区	5.8	5.8

资料来源：麦可思－中国2024届大学毕业生培养质量跟踪评价；中华人民共和国国家统计局。

表2　2024届各省份高职毕业生样本人数分布与实际人数分布

单位：%

省份	样本人数占比	实际人数占比
北京	<1.0	0.4
天津	1.3	1.3
河北	4.9	4.8
山西	2.4	2.3
内蒙古	<1.0	1.5
辽宁	1.9	2.1
吉林	1.7	1.7
黑龙江	2.2	2.0
上海	<1.0	0.9
江苏	5.8	5.7
浙江	3.3	3.4
安徽	5.5	5.4
福建	3.2	3.0
江西	4.3	4.3
山东	7.7	7.7
河南	8.8	8.9
湖北	4.5	4.5
湖南	4.6	4.6
广东	7.4	7.0
广西	4.6	4.6
海南	<1.0	0.6
重庆	3.2	3.2

附　录　技术报告

续表

省份	样本人数占比	实际人数占比
四川	5.5	5.5
贵州	2.9	2.9
云南	3.6	3.6
西藏	<1.0	0.1
陕西	3.5	3.4
甘肃	2.4	1.9
青海	<1.0	0.2
宁夏	<1.0	0.5
新疆	2.6	2.0

注：表中样本人数比例小于 1.0% 的数值均用 "<1.0" 表示，下同。

资料来源：麦可思－中国 2024 届大学毕业生培养质量跟踪评价；中华人民共和国国家统计局。

表3　2024届各专业大类高职毕业生样本人数分布与实际人数分布

单位：%

专业大类	样本人数占比	实际人数占比
财经商贸大类	15.9	15.4
电子与信息大类	13.2	14.7
医药卫生大类	12.4	14.2
教育与体育大类	11.5	11.5
装备制造大类	11.0	10.6
土木建筑大类	8.0	7.8
交通运输大类	7.2	7.0
文化艺术大类	5.2	4.8
旅游大类	3.1	3.0
资源环境与安全大类	2.1	1.5
农林牧渔大类	2.0	2.1
食品药品与粮食大类	1.6	1.7
生物与化工大类	1.5	0.8
能源动力与材料大类	1.3	1.0
公共管理与服务大类	1.3	1.3
公安与司法大类	1.0	0.9

续表

专业大类	样本人数占比	实际人数占比
新闻传播大类	<1.0	0.9
轻工纺织大类	<1.0	0.4
水利大类	<1.0	0.4

资料来源：麦可思－中国2024届大学毕业生培养质量跟踪评价；中华人民共和国国家统计局。

表4　2021届各区域高职生毕业三年后样本人数分布与实际人数分布

单位：%

区域	样本人数占比	实际人数占比
东部地区	37.4	37.4
中部地区	32.8	29.9
西部地区	24.4	27.3
东北地区	5.4	5.4

资料来源：麦可思－中国2021届大学毕业生三年后职业发展跟踪评价；中华人民共和国国家统计局。

表5　2021届各专业大类高职生毕业三年后样本人数分布与实际人数分布

单位：%

专业大类	样本人数占比	实际人数占比
财经商贸大类	17.4	17.8
电子与信息大类	14.4	13.4
装备制造大类	12.3	11.1
教育与体育大类	10.2	12.3
土木建筑大类	6.1	7.1
交通运输大类	6.1	6.6
文化艺术大类	5.9	5.1
医药卫生大类	5.7	13.3
农林牧渔大类	4.5	1.8
资源环境与安全大类	3.2	1.2
新闻传播大类	2.7	0.9
旅游大类	2.4	3.1

续表

专业大类	样本人数占比	实际人数占比
能源动力与材料大类	2.2	1.0
公安与司法大类	2.1	1.1
食品药品与粮食大类	1.7	1.5
公共管理与服务大类	1.6	1.1
生物与化工大类	1.3	0.7
轻工纺织大类	<1.0	0.5
水利大类	<1.0	0.4

资料来源：麦可思－中国2021届大学毕业生三年后职业发展跟踪评价；中华人民共和国国家统计局。

致　谢

《2025 年中国高职生就业报告》是麦可思发布的第 17 部"就业蓝皮书"。本报告在内容、结构和体例上进一步优化完善，通过数据和图表直观呈现分析结果，便于读者从各自的专业视角深入解读数据或图表背后的因果关系。

在此特别感谢为完善本年度报告提供帮助的各位高等教育管理者和研究人员，恕不一一具名。报告中的任何疏漏与不足之处均由作者承担全部责任。

感谢读者朋友们对本报告的关注与支持。受篇幅所限，本报告仅展示部分研究数据。如需获取更详细的内容，请联系作者（research@mycos.com）。

Abstract

Chinese 3-Year Vocational College Graduates' Employment Annual Report (2025) comprehensively analyzes the employment status of 2024 graduates from higher vocational colleges. Based on tracking evaluations of fresh graduates and mid-career alumni, the report delves into multiple dimensions, including graduation destinations, employment structure, employment quality, career development, progression to undergraduate studies, flexible employment, competency attainment, and satisfaction with institutions.

The scale of 2024 higher vocational graduates reached a new high, with the employment situation continuing to be under pressure. Graduates showed diversified and pragmatic trends in career choices, maintaining a stable employment realization rate of 88.6%. Affected by economic restructuring and intensified market competition, the proportion of employed graduates dropped to 58.5%, while flexible employment continued to rise to 9.6%, of which over 30% achieved employment through digital platforms. The proportion of students entering undergraduate programs stabilized at 20.7%, reflecting diversified trends in graduates' willingness to pursue further studies and career development paths. Private enterprises and grassroots positions remained the primary employment channels, accounting for 73% and 69% respectively. Over the past five years, graduates' employment satisfaction increased by 13 percentage points to 82%, with a more mature and pragmatic employment mindset.

The vigorous development of the digital economy and emerging industries has significantly promoted the adjustment of employment structures and job upgrading for higher vocational graduates. Fields such as high-end equipment and new energy vehicles have developed rapidly, with 13.1% of graduates entering the equipment manufacturing industry, among whom the proportion engaged in emerging technology positions (e.g., intelligent manufacturing and industrial robot operation) has increased. The digitalization process of modern service industries has accelerated, with the employment proportion in information technology service industries rising to 6.3%, and the proportion of digital marketing positions in retail and cultural entertainment fields increasing. Digital technology-related positions represented by artificial intelligence and cloud computing have become new highlights in higher vocational graduates' employment, driving the overall improvement of employment quality and job hierarchy.

Professional settings in vocational education are dynamically optimized to keep pace with industrial transformation needs. In 2025, 7,331 new program points were added nationwide, mainly concentrated in high-end manufacturing, digital industries, and the green economy, with nearly half at the vocational undergraduate level—reflecting the upgrading of vocational education and enhanced industry adaptability. However, irrational trend-chasing professional settings in some colleges have led to low job-major relevance among graduates, prominent issues such as insufficient internship and practical training, and obsolete or impractical curriculum content, indicating a need to improve the alignment between talent cultivation quality and industrial demands.

The development of new technologies continues to reshape employment skill requirements, further expanding the demand for comprehensive technical and skilled talents. Higher vocational graduates still demonstrate deficiencies in higher-order skills such as comprehensive judgment, problem-solving, technological innovation, and iterative design, with low satisfaction regarding digital skills training, which restricts employment adaptability. To address the current disconnect between talent

Abstract

cultivation and industrial needs, it is necessary to further deepen the integration of industry and education, accelerate curriculum updates and practical teaching upgrades, strengthen faculty construction and digital teaching resource development, promote the "Five Gold" construction quality improvement in higher vocational colleges, and comprehensively enhance the adaptability and quality of talent cultivation to assist graduates in achieving higher-quality employment.

Keywords: Higher Vocational Students; Employment Choices; Digital Economy; Comprehensive Skilled Talents

Contents

I General Report

B.1 Analysis of the Employment Development Trends and Achievements of Vocational College Graduates / 001

Abstract: The scale of vocational college graduates in 2024 hit a new historical high. Against the backdrop of sustained pressure on the employment landscape, the destination attainment rate stood at 88.6%—remaining relatively stable as graduates' employment choices trended toward greater diversity and pragmatism. Flexible employment accounted for 9.6%, up 14% from five years earlier, with a rising proportion relying on new internet-driven business formats. The share of graduates employed in private enterprises further increased to 73%, while the proportion choosing prefecture-level cities and below rose to 69%. Employment satisfaction reached 82%—13 percentage points higher than the 2020 cohort.

The rate of students advancing to undergraduate programs stabilized at 20.7%, with institutions under the "Double High-level" Program showing a higher rate of 22.4%. The growth of emerging industries has driven employment structure adjustments, with the proportion of graduates entering equipment manufacturing and new energy vehicle sectors continuing to rise and digital economy roles expanding steadily. New vocational education programs focus on high-end manufacturing, digital industries, and the green economy, yet some suffer from issues like irrational trend-chasing setup and insufficient internship-based training. Digital technological transformations have heightened demand for interdisciplinary technical talents, though graduates still lag in comprehensive judgment skills and digital literacy. There is an urgent need to enhance talent cultivation adaptability through deepened industry-education integration and the "Five Key" construction initiative.

Keywords: Diversified Employment; Digital Economy; Industrial Structure Adjustment; Cultivation of Interdisciplinary Talents; Vocational College Graduates

Ⅱ Sub-report

B.2 Analysis of the Destination of Vocational College Graduates

/ 006

Abstract: The graduation destinations of the 2024 vocational college cohort reflect diversified development. While the employed proportion declined, the rate of advancement to undergraduate programs stood at 20.7%—with flexible pathways like entrepreneurship and military service continuing to diversify career trajectories. The destination attainment rate for "Double High-level Program" institutions reached 91.2%, 1.6 percentage points above the national average of 88.6%, highlighting their strengths in school-enterprise collaboration and practical training.

Regionally, the eastern region led at 89.9%, with the Yangtze River Delta reaching 91.9%. The central region performed steadily at 89.3%, driven by industrial transfer undertaking, while the western and northeastern regions lagged—warranting tailored deepening of industry-education integration. In disciplinary terms, destination attainment rates for Energy & Power, Equipment Manufacturing, and Biological & Chemical Engineering categories all exceeded 90%, a consistent high reflecting their focus on rigid-demand sectors and the pulling effect of emerging fields like intelligent manufacturing and new energy on technical talent demand.

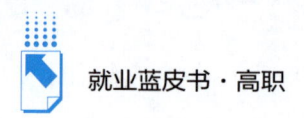

Among 39% of unemployed graduates still job-hunting, 59% of those who received offers declined positions due to mismatches between salary and development expectations. Recommendations include vocational colleges enhancing practical training and career cognition education, delivering targeted job information, strengthening industry-education integration, and promoting high-quality employment.

Keywords: Destination Attainment Rate; Flexible Employment; Regional Disparities; Industry-Education Integration; Vocational College Graduates

B.3 Analysis of the Employment Structure of Vocational College Graduates

/ 023

Abstract: The employment of 2024 vocational college graduates exhibited characteristics of "regional downward shift, structural optimization, and diversified support". The eastern region remained the primary employment hub, standing at 49.4%, while the central region saw its employment proportion rise to 21.8%—driven by enhanced absorption from undertaking industrial gradient transfer. Fueled by new-type urbanization and evolving career attitudes, the share of graduates employed in prefecture-level cities and below rose from 63% for the 2020 cohort to 69% in 2024.

In terms of industry and occupation flows, sectors tied to new productive forces—such as intelligent manufacturing and intelligent connected new energy vehicles—and consumption recovery areas like retail and hospitality saw enhanced hiring capacity. Traditional fields including accounting and construction contracted due to educational credential competition, AI substitution, and cyclical industry adjustments. Private enterprises, especially small, medium, and micro enterprises, continued to serve as the "ballast" for employment stability.

Major early-warning analysis showed that disciplines closely aligned with new productive forces—such as new energy vehicle technology and intelligent control technology—became "green-listed majors", while those with acute supply-demand mismatches like legal affairs and primary education were designated "red-listed majors".

Keywords: Regional Downward Shift; Industrial Structure Optimization; Small-Medium-Micro Private Enterprises; Major Early Warning; Vocational College Graduates

B.4 Analysis of the Income of Vocational College Graduates / 040

Abstract: The average monthly salary of the 2024 vocational college cohort saw steady growth, hitting CNY 4,775 six months after graduation—outpacing the average monthly disposable income of urban residents. After adjusting for inflation, this represented an 8.7% real growth from the 2020 cohort. For the 2021 cohort, three years post-graduation saw a 51% increase in monthly income, highlighting the significant rise in educational returns over time.

By major categories, Equipment Manufacturing, Energy & Power Materials, and Biological & Chemical Engineering graduates had the highest starting salaries at six months. Three years on, majors in Equipment Manufacturing, Transportation, and Electronic Information topped CNY 7,500, with Automobile Manufacturing showing notable growth. Industry trends revealed distinct salary advantages in transportation, emerging manufacturing, and digital sectors.

Regionally, the eastern region emerged as a high-salary hub, driven by its complete industrial chain and strong industrial cluster effects. In terms of employer type, private enterprises demonstrated stronger growth momentum—with a 56% salary increase three years after graduation—owing to their flexible mechanisms. This underscores the need for graduates to balance short-term earnings with medium-long-term growth in career choices, while vocational colleges and policymakers should promote rational talent allocation through deepened industry-education integration and market environment optimization to better support high-quality economic development.

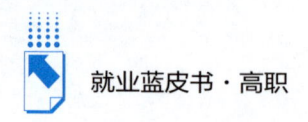

Keywords: Salary Growth; Industrial Cluster; Regional Economic Disparities; Vocational College Graduates

B.5 Analysis of the Employment Satisfaction of Vocational College Graduates / 069

Abstract: Over the past five years, employment satisfaction among vocational college graduates has significantly increased, reaching 82% for the 2024 cohort—a 13-percentage-point rise that reflects the synchronized optimization of vocational college employment service systems and graduates' career attitudes. Regionally, the eastern region led in satisfaction, with new first-tier cities roughly on par with traditional first-tier cities.

By major categories, Transportation and Biological & Chemical Engineering majors recorded the highest satisfaction at 84%. Three years post-graduation, Finance & Commerce, Agriculture-Forestry-Animal Husbandry-Fishery, and Food & Medicine categories all stood at 80%. In terms of industries and occupations, sectors with high stability—such as government public administration, transportation, and power—along with digital technology and intelligent manufacturing roles, saw the highest satisfaction. Conversely, traditional high-intensity fields like construction, real estate, and production operations had lower satisfaction scores.

Among employer types, state-owned enterprises and public institutions ranked highest in satisfaction. While private enterprises offer slightly lower starting salaries, their satisfaction rate has climbed to 81% in recent years—though mid-career professional development support still requires enhancement.

Keywords: Employment Satisfaction; Career Attitudes; Employment Field Disparities; Vocational College Graduates

B.6　Analysis of the Career Development of Vocational

　　　College Graduates　　　　　　　　　　　　　　　／ 085

Abstract: The professional fit of the 2024 vocational college cohort remained stable, with 61% engaged in major-related work—matching the previous cohort. However, the proportion switching to non-corresponding roles due to "professional work environments failing to meet expectations" has increased, reflecting new-generation graduates' growing emphasis on workplace culture and team dynamics. In career development, the 2021 cohort saw a 50% promotion rate within three years, though the "late-mover advantage" of graduates who advanced to undergraduate programs still requires longer accumulation to materialize.

　　Regarding employment stability, graduates showed relatively stable job adaptability in the early tenure, but turnover due to high work pressure has risen—highlighting both their demand for work-life balance and structural mismatches in labor market supply and demand. Recommendations include vocational colleges strengthening pre-vocational experience courses to narrow cognitive gaps, alongside enterprises enhancing organizational flexibility.

　　Keywords: Professional Fit; Workplace Culture; Position Promotion; Organizational Flexibility; Vocational College Graduates

B.7　Analysis of Promotion to Undergraduate of Vocational

　　　College Graduates　　　　　　　　　　　　　　／ 107

Abstract: The 2024 vocational college cohort's advancement rate to undergraduate programs stood at 20.7%—matching the 2023 cohort and 5.4 percentage points above the 2020 cohort—marking a transition from rapid expansion to stable development. With the continuous improvement of the vocational undergraduate education system, broader growth pathways have been established for technical-skilled talents.

Education & Sports, Finance & Commerce, and Electronics & Information majors consistently led in advancement rates, with both recent cohorts maintaining above 23%—reflecting rising academic threshold pressures and intensified competition in these fields. The proportion of graduates choosing advancement for career development needs or to evade employment pressure has increased year by year, underscoring the dual impact of elevated degree requirements and cyclical job market stress. Three years post-graduation, while the salary premium from advancement has yet to fully materialize, its positive effect on employment satisfaction is evident—with advancers' satisfaction 3 percentage points higher than non-advancers.

Keywords: Advancement to Undergraduate; Academic Thresholds; Employment Satisfaction; Career Development; Vocational College Graduates

B.8 Analysis of Flexible Employment of Vocational College Graduates / 113

Abstract: The scale of flexible employment among vocational college graduates has expanded with increasingly diversified choices. The 2024 cohort's flexible employment rate reached 9.6%, up from 9.2% in the previous cohort, covering part-time work, freelancing, and self-employment. Self-employed graduates in 2024 earned an average monthly income of CNY 4,977, with an 87% employment satisfaction rate—demonstrating strong self-worth realization.

Driven by the digital economy, culture & sports entertainment—including short videos, live streaming, esports, and digital content creation—and new retail have emerged as new growth areas for flexible employment, thanks to low market entry barriers and multiple conversion channels. With accumulating work experience, the entrepreneurship rate rose to 5.7% three years after graduation, with 72% of projects turning profitable and 90% of entrepreneurs hiring employees—realizing entrepreneurship-driven employment. However, flexible workers still face challenges in skill upgrading, social security, and financial support. Recommendations include government improvement of flexible employment security systems and vocational colleges strengthening skill training for new business formats.

Keywords: Flexible Employment; New Business Formats; Entrepreneurship-Driven Employment; Security System; Vocational College Graduates

B.9 Analysis of Competencies of Vocational College Graduates

/ 120

Abstract: Higher vocational education has achieved remarkable results in cultivating technical-skilled talents, with the basic work competency satisfaction rate rising from 86% for the 2020 cohort to 91% for the 2024 cohort. Among key competencies, graduates' satisfaction with abilities such as understanding others, active listening, scientific analysis, logical thinking, and complex problem-solving all exceeded 90%, while computer programming competency stood at 84%—needing further enhancement. Additionally, lifelong learning capability—critical for career development—remained lower in satisfaction compared to other competencies.

In terms of qualities, vocational colleges' efforts in "fostering virtue and cultivating people" have yielded notable results, helping graduates shape ideal beliefs and develop law-abiding integrity. Against the backdrop of deepening industrial digitalization and intelligent upgrading, however, graduates showed insufficient improvement in digital literacy and craftsman spirit. Vocational colleges should strengthen the cultivation of digital craftsmanship and autonomous learning capabilities.

Keywords: Lifelong Learning; Digital Literacy; Craftsman Spirit; Vocational College Graduates

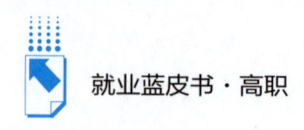

B.10 Analysis of Vocational College Graduates' Satisfaction with School / 140

Abstract: Overall satisfaction of vocational college graduates with their alma maters has trended steadily upward, reaching 94% for the 2024 cohort. Curriculum teaching has been continuously optimized, with graduates' teaching satisfaction rising from 92% in the 2020 cohort to 94% in 2024—reflecting stable alignment between curriculum design and job requirements. Notably, the proportion of graduates reporting "impractical or outdated course content" has increased annually, hitting 30% in 2024—indicating a need to further align teaching content with new technologies, processes, standards, and specifications.

Off-class teacher-student interactions are frequent, with educators providing not only academic guidance but also effective career and vocational planning support. Employment guidance services have proven highly effective, with satisfaction rising by 4 percentage points over five years to 93% in 2024. One-on-one counseling and job-hunting skills training received particularly high recognition. Campus facilities have been continuously improved, with graduate evaluations rising year on year—providing robust support for student development.

Keywords: Graduate Satisfaction; Teacher-Student Interaction; Employment Guidance; Campus Facilities; Vocational College Graduates

Ⅲ Special Reports

B.11 Analysis of Supply and Demand Changes in New Occupations and New Majors / 154

Abstract: Digital technology drives industrial transformation and upgrading, giving birth to new occupations and upgrading skill requirements for traditional positions. In the equipment manufacturing industry, the demand for technical and skilled talents in fields such as intelligent manufacturing, industrial robots, and new energy vehicles has significantly increased, while traditional positions are gradually transforming toward digitization and intelligentization. In modern service industries, emerging positions represented by artificial intelligence, big data, and live-stream e-commerce are in high demand.

Vocational education actively responds to industrial and social needs by dynamically adjusting professional settings, establishing new in-demand majors such as intelligent manufacturing, artificial intelligence, new energy, and elderly care. However, problems such as blind following of majors and disconnection between talent cultivation quality and market demand still exist. It is recommended that vocational colleges establish a dynamic professional adjustment mechanism, deepen industry-education integration, strengthen practical teaching, and establish a graduate employment feedback mechanism to improve the adaptability of talent cultivation to industrial needs.

Keywords: New Occupations; Dynamic Adjustment of Majors; Digital Skills; Industry-Education Integration; Vocational College Graduates

B.12　Analysis of the Core Working Ability of Vocational College Graduates in the AI Era　/ 167

Abstract: With the rapid development of artificial intelligence (AI) technology, the global job market is undergoing structural transformation, posing new requirements for vocational education. The widespread application of AI, digital technology, and automation accelerates the reconstruction of capability structures for technical and skilled positions, requiring practitioners to possess systematic comprehensive judgment, innovative capabilities, and advanced digital skills.

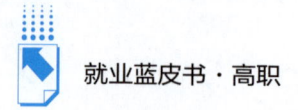

Analysis of the core work capability requirements for vocational college graduates in recent years shows that the demand for capabilities such as comprehensive judgment and problem-solving, technological innovation and iterative design has significantly increased. Communication, collaboration, and service awareness capabilities remain highly valued, while the demand for traditional technical applications (such as programming) has relatively declined but remains a basic need. Current challenges in vocational education include the disconnect between curriculum content and industrial needs, insufficient depth of industry-education integration, and inadequate practical teaching capabilities of teachers.

Therefore, vocational education urgently needs to construct a capability framework that better meets modern industrial needs through means such as deepening industry-education integration, school-enterprise cooperation, and digital teaching, so as to cultivate comprehensive technical and skilled talents adapted to rapid skill iteration.

Keywords: Artificial Intelligence; Technical Skills; Skill Reconstruction; Industry-Education Integration; Vocational College Graduates

Appendix
Technical Report / 185

Acknowledgements / 188

社会科学文献出版社

皮 书

智库成果出版与传播平台

❖ 皮书定义 ❖

皮书是对中国与世界发展状况和热点问题进行年度监测,以专业的角度、专家的视野和实证研究方法,针对某一领域或区域现状与发展态势展开分析和预测,具备前沿性、原创性、实证性、连续性、时效性等特点的公开出版物,由一系列权威研究报告组成。

❖ 皮书作者 ❖

皮书系列报告作者以国内外一流研究机构、知名高校等重点智库的研究人员为主,多为相关领域一流专家学者,他们的观点代表了当下学界对中国与世界的现实和未来最高水平的解读与分析。

❖ 皮书荣誉 ❖

皮书作为中国社会科学院基础理论研究与应用对策研究融合发展的代表性成果,不仅是哲学社会科学工作者服务中国特色社会主义现代化建设的重要成果,更是助力中国特色新型智库建设、构建中国特色哲学社会科学"三大体系"的重要平台。皮书系列先后被列入"十二五""十三五""十四五"时期国家重点出版物出版专项规划项目;自2013年起,重点皮书被列入中国社会科学院国家哲学社会科学创新工程项目。

皮书网

（网址：www.pishu.cn）

发布皮书研创资讯，传播皮书精彩内容
引领皮书出版潮流，打造皮书服务平台

栏目设置

◆ 关于皮书
何谓皮书、皮书分类、皮书大事记、
皮书荣誉、皮书出版第一人、皮书编辑部

◆ 最新资讯
通知公告、新闻动态、媒体聚焦、
网站专题、视频直播、下载专区

◆ 皮书研创
皮书规范、皮书出版、
皮书研究、研创团队

◆ 皮书评奖评价
指标体系、皮书评价、皮书评奖

所获荣誉

◆ 2008年、2011年、2014年，皮书网均在全国新闻出版业网站荣誉评选中获得"最具商业价值网站"称号；

◆ 2012年，获得"出版业网站百强"称号。

网库合一

2014年，皮书网与皮书数据库端口合一，实现资源共享，搭建智库成果融合创新平台。

皮书网

"皮书说"
微信公众号

权威报告·连续出版·独家资源

皮书数据库
ANNUAL REPORT(YEARBOOK) DATABASE

分析解读当下中国发展变迁的高端智库平台

所获荣誉

- 2022年，入选技术赋能"新闻+"推荐案例
- 2020年，入选全国新闻出版深度融合发展创新案例
- 2019年，入选国家新闻出版署数字出版精品遴选推荐计划
- 2016年，入选"十三五"国家重点电子出版物出版规划骨干工程
- 2013年，荣获"中国出版政府奖·网络出版物奖"提名奖

皮书数据库

"社科数托邦"微信公众号

成为用户

登录网址www.pishu.com.cn访问皮书数据库网站或下载皮书数据库APP，通过手机号码验证或邮箱验证即可成为皮书数据库用户。

用户福利

- 已注册用户购书后可免费获赠100元皮书数据库充值卡。刮开充值卡涂层获取充值密码，登录并进入"会员中心"—"在线充值"—"充值卡充值"，充值成功即可购买和查看数据库内容。
- 用户福利最终解释权归社会科学文献出版社所有。

数据库服务热线：010-59367265
数据库服务QQ：2475522410
数据库服务邮箱：database@ssap.cn
图书销售热线：010-59367070/7028
图书服务QQ：1265056568
图书服务邮箱：duzhe@ssap.cn

社会科学文献出版社 皮书系列
卡号：187171451324
密码：

S 基本子库
SUB DATABASE

中国社会发展数据库（下设 12 个专题子库）

紧扣人口、政治、外交、法律、教育、医疗卫生、资源环境等 12 个社会发展领域的前沿和热点，全面整合专业著作、智库报告、学术资讯、调研数据等类型资源，帮助用户追踪中国社会发展动态、研究社会发展战略与政策、了解社会热点问题、分析社会发展趋势。

中国经济发展数据库（下设 12 专题子库）

内容涵盖宏观经济、产业经济、工业经济、农业经济、财政金融、房地产经济、城市经济、商业贸易等 12 个重点经济领域，为把握经济运行态势、洞察经济发展规律、研判经济发展趋势、进行经济调控决策提供参考和依据。

中国行业发展数据库（下设 17 个专题子库）

以中国国民经济行业分类为依据，覆盖金融业、旅游业、交通运输业、能源矿产业、制造业等 100 多个行业，跟踪分析国民经济相关行业市场运行状况和政策导向，汇集行业发展前沿资讯，为投资、从业及各种经济决策提供理论支撑和实践指导。

中国区域发展数据库（下设 4 个专题子库）

对中国特定区域内的经济、社会、文化等领域现状与发展情况进行深度分析和预测，涉及省级行政区、城市群、城市、农村等不同维度，研究层级至县及县以下行政区，为学者研究地方经济社会宏观态势、经验模式、发展案例提供支撑，为地方政府决策提供参考。

中国文化传媒数据库（下设 18 个专题子库）

内容覆盖文化产业、新闻传播、电影娱乐、文学艺术、群众文化、图书情报等 18 个重点研究领域，聚焦文化传媒领域发展前沿、热点话题、行业实践，服务用户的教学科研、文化投资、企业规划等需要。

世界经济与国际关系数据库（下设 6 个专题子库）

整合世界经济、国际政治、世界文化与科技、全球性问题、国际组织与国际法、区域研究 6 大领域研究成果，对世界经济形势、国际形势进行连续性深度分析，对年度热点问题进行专题解读，为研判全球发展趋势提供事实和数据支持。

法律声明

"皮书系列"（含蓝皮书、绿皮书、黄皮书）之品牌由社会科学文献出版社最早使用并持续至今，现已被中国图书行业所熟知。"皮书系列"的相关商标已在国家商标管理部门商标局注册，包括但不限于LOGO（ ）、皮书、Pishu、经济蓝皮书、社会蓝皮书等。"皮书系列"图书的注册商标专用权及封面设计、版式设计的著作权均为社会科学文献出版社所有。未经社会科学文献出版社书面授权许可，任何使用与"皮书系列"图书注册商标、封面设计、版式设计相同或者近似的文字、图形或其组合的行为均系侵权行为。

经作者授权，本书的专有出版权及信息网络传播权等为社会科学文献出版社享有。未经社会科学文献出版社书面授权许可，任何就本书内容的复制、发行或以数字形式进行网络传播的行为均系侵权行为。

社会科学文献出版社将通过法律途径追究上述侵权行为的法律责任，维护自身合法权益。

欢迎社会各界人士对侵犯社会科学文献出版社上述权利的侵权行为进行举报。电话：010-59367121，电子邮箱：fawubu@ssap.cn。

社会科学文献出版社